Novels and short stories

Alexander Veltman

Повести и рассказы

Александр Вельтман

Novels and Short Stories

ISNB: 978-1-61895-254-7

Повести и рассказы

© Пресса библиотек, 2018

ISNB: 978-1-61895-254-7

Эротида

Это было, кажется, в прошедшем году в августе месяце... точно.

Званые гости съехались в один дом праздновать красный день хозяйки.

Семейство было средней руки, жило не на большую ногу. Обед был вкусен и весел. Хозяин пил за здоровье гостей, гости за здоровье молодой хозяйки и поэта: так величали добрые приятели самого хозяина, который – не при нем будь сказано – умел слагать стихи, вроде "на прыщик Делии", и сочинять журнальные повести.

После обеда, по обычаю, дамы пошли в гостиную, мужчины уединились в кабинет жечь табак.

После-обеда, в обществе, в беседе приятельской, есть живой журнал. В это время выполняются экспромтом все статьи тяжелой и легкой литературы, критики и смеси.

В одном углу, с сигаркою в зубах, сидит тучная статья сельской промышленности и хозяйственной экономии, под заглавием: о пользе свеклы и картофеля. В другом углу, раскинувшись на диване, философия трактует о различии философии и философии; подле филологическая статья доказывает, что слово филология составлено из φιλος – друг и λόγος – слово; что французское слово filou – мошенник, обманщик – имеет корнем своим также слово φιλος, получившее превратный смысл с тех пор, как люди стали употреблять слово друг как лучшее оружие для обмана; и что от слова λόγω – говорю – происходит русский глагол лгу, ибо говорю и лгу некоторым образом единозначительны.

Тощее стихотворение, затянувшись украинским вахштафом, ходит Эолом по комнате и ропщет про себя куплеты.

Историческая статья, заложив руки в боковые карманы, излагает свое мнение о хаосе времен и народов; механика – о различии стремления к центру и от центра; мета-механика – о законах духовных движений в природе; геология – о расширении толщи земной; ботаника – об общественной и частной жизни растений.

Но частные разговоры сливаются наконец в смесь. Внимание общее к слухам, новостям, остротам, городским сплетням... Только критика сидит надувшись, слушает и прислушивается, смотрит и всматривается, все видит и ненавидит.

После-обеда происходит незаметно. Цель жизни исполняется: пища варится хорошо, душа не тоскует, не измеряет времени.

Так началось после-обеда и у поэта. Сперва поступила философическая статья: что такое женщина? потом механическая: о стремлении к сердцу и от сердца; потом астрономическая: о светилах любви; потом агрономическая: о возделывании женской души и о причинах неурожая семейственного счастия; потом начался критический разбор женщины во всех отношениях; потом смесь, рассказы, анекдоты...

1

– Я не умею рассказывать, – сказал хозяин, – но прочту вам быль о том, на что женщина может решиться из любви.

– Очень, очень рады! – вскричали некоторые из гостей, но большая часть нахмурилась при слове чтение. Поэт этого не заметил, вынул тетрадку из конторки, поставил перед собой стакан воды и начал читать следующее.

Часть I

Бригадир. — В наше блаженное время. — Женихи. — Улан. — Он знает приличия.

I

Около 25 лет тому назад бригадир Хойхоров (предок его был вывезен с Кавказа) доживал свой век в поместье, высочайше дарованном ему за заслуги. Он был из числа тех людей, которые хвалят только свое прошедшее, любят старые привычки, как старое вино, не видят добра в будущем и думают, что все окружающее их теряет свою силу, свою красоту, портится, клонится к разрушению.

Воспоминание о прошедшем имеет какую-то особенную приятность, но у старожилов нашего времени есть какая-то чудная страсть или, может быть, и пристрастие к временам Екатерины. Когда они заведут речь о своем прошлом, на щеках их выступает румянец, в очах заблещет молния.

"Теперь все коротко: и платье, и ум, и жизнь людей. Где теперь такие люди, какие бывали в наше время? – Румянцев, Потемкин, Орлов, Суворов, Шереметев... Истинные вельможи славою, честью и богатством!

Бывало, Петр Борисович или Николай Петрович вздумают попировать, созвать гостей в Останкино, в Кусково... Вся дворня во французских, шитых золотом кафтанах!.. От заставы Московской вплоть до дачи огородят собою дорогу по обе стороны сорок тысяч душ Московской губернии: мужички, купцы да крестьяне, тысячники да мильонщики, в синих бархатных да плисовых кафтанах, а молодицы и девицы в парче, увешаны жемчугом, накрыты золотой фатою!.. А поедет сам цугом, в раззолоченной карете, в золоченых шорах, впереди скороходы, сзади гайдуки в сажень!.. За ним вся знать московская. А в Кускове сто поваров обед готовят. А обед часов пять тянется; носят, носят, золотым блюдам счета нет!.. откушают – почетные садятся играть в преферанс, в ламуш, в панфил, в тресет, в басет, в марьяж, в ломбер... Дамы идут прогуливаться в сад, деревья от маковки до корня унизаны ананасами, апельсинами, персиками... На пруду раззолоченная шлюпка, роговая музыка гремит, как на страшном суде. Потом театр воздушный... что за актеры!.. а все доморощенные!.. про кулисы и говорить нечего: машина на машине – сами двигаются!.. Потом откроется бал... пойдут полонез, пергурдин, манимаску, менуэт... А что за наряды! Боже великий!.. одного золота да блесток, что на пол просыплется, нашему брату на целую жизнь на пропитанье достало бы – полотеры пудами на выжигу продают!..

Бывало, сама государыня дивится: пу, – говорит, – Николай Петрович, богат ты и тороват! угостил! где нам за тобой тягаться?"...

Таким образом и бригадир Хойхоров видал прохождение небесных и земных комет и не дивился звездам.

Пережив жену свою, он остался с единородной своею дочерью Эротидой (он любил мудреные греческие имена и при рождении дочери выбрал это имя из Гипотипозиса, или из Полного месяцеслова) ; ему понравилось имя Эротида – любовь на лице являющая.

Он взялся сам воспитывать дочь свою. – Не поручу, – говаривал он еще жене своей, – не поручу ее ни мадаме, ни мусье.

– Помилуй, батюшка мой, – говаривала ему жена, – да ты только и знаешь, что свой артикул! – Но с женою умерли противоречия, и бригадир, нарядив дитя в амазонское платьице, накупил ему для забавы деревянных солдатиков, ружье, барабан, коня на колесах...

"Эротида будет у меня хват девка!" – думал он. – Ну, Эротенька, марш, марш! – и Эротенька, перекинув через плечо перевязь барабана, взяв в руки ружье, маршировала пред отцом, – отец любовался.

Когда Эротиде минуло 12 лет и деревянный конек стал уже ей не по росту, бригадир выучил ее ездить верхом, брал с собою в отъезжее поле. Изучение же наукам, т. е. чтению, письму и Закону Божию, поручил своему сельскому священнику отцу Лазарю, доброму старцу, любившему слушать бригадирские рассказы о воинских подвигах.

Вместе с бригадиром постарел и деревянный дом его, и все дворовые строения. Стены и кровли почернели, обросли мохом и муравою. Но кому не понятна любовь к привычному месту! кто не чувствовал какой-то неловкости, когда в его комнате старая мебель заменялась новою?

Все стены держались только подставами, а бригадир и не думал о перестройке дома.

– Вот уже! сколько могу припомнить, ваше превосходительство, – говаривал ему отец Лазарь, – домик-то ваш при мне стоит десятка четыре лет, а строился он до предместника моего... из опасенья бы изволили перестроить...

– И, братец, – отвечал обыкновенно бригадир, – простоит еще с меня; что мне в новых палатах? Теперь архитекторы, упаси Боже, построят дом, ни приюту, ни тепла, да еще того и гляди провалится, задавит. Вот, недалеко пример, у соседа... как бишь?.. Ну, да провал его возьми, и вспоминать не стоит!

— Касьян, Касьян... дай Бог память!..

— Какой Касьян, братец, я сроду ни одного Касьяна не знал, а с его отцом был закадычный друг. Сын мотыга, гордец, француз, построил себе дом в Москве, переехали жильцы. Первый снег – стропилы не выдержали, рухнулись, потолок провалился, всю, братец, семью было передавил...

— Слышал, слышал, ваше превосходительство... дом Григория Михайловича...

— Пора, отец Лазарь, надуматься. Да ты скоро забудешь, как свиных детей зовут...

— Виноват... ваше превосходительство.

— То-то, братец, ну, ступай, ступай, учи Эротиду...

— Хотел было я... изложить мою просьбицу... ваше... превосходительство...

— Что, верно, опять на посев хлеба? Нет, отец Лазарь, починать закрома для тебя не буду.

Таково было обхождение бригадира со всеми; немножко грубо, но зато простодушно. Слова вы от него никто не слыхивал; для приличия он не хотел отступать от грамматического правила. Но, грубо говоря, он был добр на деле. Священник был уверен, что на другой же день будет ему прислано с господского двора и жита, и проса, и ячменю, и овса. Соседи его любили и съезжались к нему раза два в год, в торжественные дни и праздники в кругу.

Только молодежь поотучил он от себя. Его первый вопрос был: "А тебе, братец, который годок?.. пора, пора на службу! в двадцать лет стыдно соску сосать!.. на службу, на службу, и не показывайся мне на глаза до капитанского чина; ну, в капитанском чине можно и в отпуску побывать".

Таким образом, круг бригадира ограничивался живыми преданиями глубокой старины.

Мужчины в пудреных париках, с сальными косами, с мешочком на конце вроде хлопушки, в шитых золотом бархатных или атласных кафтанах с пуговицами фарфоровыми, стальными, шитыми блестками, с медальонами, в плисовых сапогах...

Дамы постарше – в громадных атласных калишах на проволоке, с блондами вокруг лица, с бочками вместо фижм, в пышных полонезах, с прорезами сбоку, в которые продевались полы атласной юбки и висели, как драпри окон из двух разноцветных шелковых материй.

Дамы средних лет, за полвека, в чепцах суворовские или в прическе, обильной кудрями, сверх коей шифоне из индийского шелка соединялся с унизанным жемчугом черным бордоном, продетым сквозь прическу; в мантильях с длинными полами и капишоном; в башмаках белых, вышитых блестками и стальными бусами, с каблуками с два вершка вышины, с носками, как нос стерляди.

Дамы же молодые, еще не прожившие половины столетия, красовались прической из волос, напудренных и взбитых вроде лебяжьего пуха; несколько разноцветных перьев расстилались по одной стороне головы; их одежда не отставала от моды, их платья были в три полотнища, талия под мышкой; белая шея прикрывалась прозрачным кисейным платком; дебелые руки обнажены до плеча, но в лайковых длинных перчатках; на ногах марокские башмачки красного цвета.

Все они ласкали 14-летнюю Эротиду, называли малюткой, обходились как с ребенком и только что не брали ее к себе на руки.

II

Таков был бригадир, вся родня и все соседи его; но дочь его, Эротида, была чудная девушка. Несмотря на то что воспитание отцовское готовило ее в драгунскую службу, Бог весть где переняла она все женское, все милое, привлекательное. Несмотря на то что отец учил ее фрунтовому шагу, она шагала не в аршин; ножку ее нельзя было назвать ногой, потому что и на 14 году, укладывая ее в башмачок, как в колыбельку, можно было припевать: "Баю-баюшки-баю, баю крошечку мою!" Глаза Эротиды были чернее всего на свете, а ресницы подобны тем, которые Фирдевси сравнил с копьем героя Кива в башне Пешена; ее волоса, распущенные локонами до плеч, были самого лучшего каштанового цвета, любимого всеми веками, исключая то время, когда была мода на рыжих да красных. Стан ее был величествен, перехват тонок, грудь пышна, шея бела, румянец пылок.

И вся она была ангел, в котором еще нет зародыша разрушения, который еще не отравлен горем жизни, не заражен злыми привычками окружающих. Это была дитя-дева, не прикованная еще к земле ни страхом, ни надеждами.

Не рассыпайте же перед ней, люди, семя ласкательства, не маните на корм эту птицу небесную!.. не вынуждайте ее любить вас, не требуйте клятв на постоянство, не топите ее в своих желаниях!.. дайте налюбоваться на диво Божие, дайте помолиться на нее! Когда пахнет тление, прикоснется и до нее холодная рука времени, – тогда возьмите ее себе!

Настал Эротиде 15-й год. Друг бригадира, богатый сосед, холостяк, отставной секунд-майор, которого грудь была украшена золотым крестом Очаковским, который страдал подагрою лет за 30 до рождения Эротиды, сделал следующее предложение другу своему:

– Послушай, братец; ты знаешь, я жизнь провел аккуратно, без долгов, имею состояньице и, слава Богу, силы... Мы, братец, с тобою друзья давние, искренние... отчего бы и не породниться... благо есть случай... твоя Эротида... невеста, братец...

— И, братец, — отвечал ему бригадир, — у Эротиды есть уже один дряхлый отец, к чему ей навязывать на шею другого!..

Разобидели эти слова секунд-майора; перестал он ездить в дом к своему другу.

Таким образом Эротида избавилась от одного жениха.

Явился другой. Он вручил бригадиру письмо от своей тетушки, старого друга покойной бригадирши.

— Рад, рад знакомству, — сказал бригадир, прочитав письмо, в котором мельком упоминалось о будущности Эротиды и потом следовала длинная рекомендация вручителю письма.

— Рад, рад знакомству! — повторил бригадир, — а что, батюшка, где изволишь служить?

— Я служил в 1-м Мушкатерском полку капралом, но по домашним обстоятельствам вышел в отставку; а теперь-с, после родителей, полный хозяин именья и буду очень счастлив...

— Молоденек еще, молоденек, государь мой, служить бы да служить.

— Здоровье не позволяет-с.

— А, дело другое; точно, знаю по себе, служба требует сил и здоровья, точно так же, как и женитьба. Ну, что ж делать, лечиться, лечиться должно; а у нас в уезде прекраснейший лекарь...

— Но...

Да, да, поправишь здоровье да опять на службу; потому что, братец, что ж это за чин: капрал в отставке? Ну, в военной тягостно, куда-нибудь в статскую; бумаги переписывать не велик труд. Не по душе гостю были слова бригадира; он отвернулся к окошку.

— Какое прекрасное местоположение!

— Не худо, очень не худо.

Кукушка высунулась из часовых дверец, прокуковала час за полдень.

Гость встал с места.

— Второй уже час, а мне еще до обеда нужно проехать пятнадцать верст.

— Прощайте, прощайте, батюшка, рад знакомству!

Таким образом Эротида избавилась от второго жениха.

За третьим дело не стало. Приехала к бригадиру двоюродная сестра его — женщина, у которой повсюду есть делишки, везде заботы и хлопоты.

— Ну, братец, насилу притащилась к тебе! что за дорога!.. Берлин мой совсем расколыхался. Знаешь ли что? сядь-ка поближе... Эротида у тебя хоть под венец... Видал ты у меня... знаешь Игнатья Ивановича?

— Как не знать палатской крысы, которую женил бы я на кошке.

— Как ты злословишь людей, не знамши их в глаза! Это ни на что не похоже! Я, сударь, в доме моем бесчестных людей не принимаю!..

— Право?.. Ну, ну, не сердись, сестра. Я говорю по слухам, а пословица говорит: "не всякому слуху верь".

— То-то же, сударь... это честнейший человек!

— А что, он еще председателем?

— Председателем; да в какой любви и чести у генерал-губернатора! Сильная рука! далеко пойдет!

— Гм! Есть у меня дельцо... Помнишь тяжбу за чересполосную землю...

— Что ж, неужли выиграет у тебя эта голь-дворянин?

— Да, почти; а землицы-то жаль.

— Эх, братец, да я познакомлю тебя с Игнатием Ивановичем покороче. Да он все для меня сделает; уж твоему ли делу чета дело Рытвиных.

— Ну?

— Выиграли.

— Не знаю дела Рытвиных, а я владею землею не по праву; документы все у противника; как ни бейся, а придется еще и приплатить тыщаги две...

— Пустяки! И земля и деньги пойдут в приданое Эротиде. Недурно бы... а Эротиду пора выдавать замуж... А что, сестра, каков человек Игнатий Иванович?

— Партия хоть куда. Человек в ходу, не в летах, имеет состояньице.

— И честной души?

— Честнейший, благороднейший, в этом я тебе круглая порука.

— Помилуй, сестра, не сама ли ты поручилась, что он пособит мне ограбить бедного человека!

Старуха взбесилась, уехала.

Таким образом Эротида избавилась от третьего жениха.

III

Бригадир отстаивал дочь свою от нашествия женихов; сама же Эротида и не думала о женихах, потому что сперва должно иметь хотя теоретическое понятие о любви, а она была окружена со всех сторон прошедшим веком, который не любил говорить при девушках о том, чего им знать не надлежало.

Эротиде очень веселы казались муштры воинские и рассказы отцовские про походы и как в турецкую войну меркетентерам турки головы резали.

Она почти не скидала амазонского платья, которое состояло из пьеро мундирного покроя, палевого тафтяного жилета и пуховой шляпы, убранной лентами.

Сердце ее было свободно, душа чиста, ее небо ясно, поле жизни усеяно цветами, а в характере Эротиды было что-то неробкое, решительное.

Итак, Эротида не ведала любви; но наступает время, в которое оболочка кокоса разрывается с громом.

Одному взводу уланского полка назначены квартиры в селе бригадира. Взводный командир поручик Г...ъ, прекрасный собою молодой человек, отчаянная голова, вступая в село, знал уже от языков, кто таков помещик, в каком он духе, какова дочь его, который ей год, как его зовут, как ее зовут и пр. Как знаток военного искусства, он основательно изучил правила, что военному человеку должно иметь во всем предвидение, пользоваться малейшим случаем, иметь хороший глазомер, иметь решимость и что, вступая в страну, должно разведывать о образе мыслей жителей, о привычках... и т. п. На сером коне, который изогнул шею в кольцо, уставил хвост трубой, ехал он, подбоченясь, мимо окон бригадирского дома.

Все, что только было живо в доме, высыпало на двор, унизало собою окны; сам бригадир сел также у окна и любовался отважным, дебелым фрунтом улан; а Эротида загляделась на самого предводителя.

Проезжая мимо окон, поручик сделал вежливый поклон, приложил руку к киверу; из-под руки окинул быстрыми очами Эротиду.

Бригадир принял это за чинопочитание, а неробкая Эротида в первый раз чего-то испугалась, вспыхнула, отшатнулась немного от окна.

Поручик, не хуже искусного поселянина, с первого взгляда узнавал добрую, не паханную еще почву, на которой каждый взор, каждое слово взрастет и даст сторицею. Поручик знал приличия: он нигде не пропускал являться с истинным почтением к родителям и с совершенною преданностию к дочерям.

И вот явился он к бригадиру во всей форме, почтил его именем ваше превосходительство, спросил: какие угодно будет ему сделать распоряжения в отношении помещения и продовольствия взвода.

Бригадир не устоял от толиких учтивостей и такового уважения к его заслугам. Он усадил поручика и три часа сряду говорил убедительным языком о достоинстве прежней службы, как он храбрость, искусство и верность в различных акциях чрез знатные службы оказал и как он аккуратен был в обстоятельствах и околичностях службы, как исправен был в представлении начальству инвентариума, сиречь справной росписи об вверенном ему полку, амуниции и всяких чинов людей, как командовал в турецкую войну корволантом и т. д.

Терпеливо, очень терпеливо, как нельзя терпеливее слушает Г...ъ старика; а кому не нужны терпеливые слушатели?

Разговор продолжался о князе Таврическом. Современнику Екатерины, самовидцу чудес прошлого века, было о чем слово сказать; повесть длинная, бесконечная, в которой бригадир играл роли: капорала, каптенармуса, сержанта, вахмистра, прапорщика, капитана над вожами, капитан-поручика, секунд-майора и т. д.

Еще не был кончен рассказ, как вошел дворецкий, в сером французском кафтане до пят, и доложил, что "кушать, дескать, подали!"

8

Поручик знает приличия; встал, приступкнул шпора о шпору, прощается с хозяином; но бригадир удержал его обедать. Вышли в залу; явилась и Эротида. Бригадир не любил рекомендаций, но поручик приступкнул шпора о шпору, а Эротида присела, разрумянилась.

Бригадир уселся на своем обычном месте, в голове стола, по правую сторону посадил гостя, по левую села Эротида; прочие приборы были заняты домашними безгласными существами.

Бригадир продолжал свой рассказ, поручик внимательно слушал; но его взоры...

О, глаза ужасная вещь! особенно когда они, выходя из пределов своей обязанности – смотреть и видеть, вздумают говорить. Краткость, ясность, убеждение, сила, мысль, душа... и кому ж говорят они? – сердцу, этому чувствительному, малодушному поклоннику очей, ланит, уст, персей... этому бедному заключенному в мрачных недрах, этому сердцу, которое и от радости и от печали готово разбить всю грудь, готово выпрыгнуть на подставленную ладонь каждого хитреца, каждой плутовки в два аршина и два вершка ростом, у которой взор острее солнечного луча!..

Сколько раз Эротида покушалась рассмотреть пристальнее поручика; поднимает взор, а поручик поймает его и отразит таким взглядом, что Эротида душевно сердится, зачем сидит она и против окон и против поручика; сердится она и на лицо свое, которое то и дело загорается так, что ничем не потушишь.

Но обед кончен, рассказ кончен, ратафию поднесли, кофе подали, из-за стола встали. Поручик прищелкнул шпора о шпору, отцу поклон, дочери взор, прощается.

– Прощайте, прощайте, г. поручик, милости просим и вперед! – говорит бригадир, надевая колпак, признак, что его высокородие, а в случае особенного уважения, его превосходительство, тотчас после обеда любит соснуть.

Но г. поручик знает приличие; без особенного приглашения он уже не является в дом; только служебная необходимость по нескольку раз в день заставляет его галопировать мимо бригадирских палат.

Эротида нашла себе работу подле окна; в ней родилась охота к женским рукодельям, что-то шьет она в тамбур, верно подарок своего рукоделья папиньке в день имянин.

Поручик проезжает, кланяется так ловко, мило. Эротиде ли быть неучтивой, не отвечать на поклон?

Наступает день имянин бригадира. Поручик приглашен к обеденному столу. Он является так почтительно, так умно поздравляет его превосходительство со днем ангела. Нельзя не поздравить и дочери: этого требует приличие.

Роброны и миниатюрные чепчики на самой вершине огромной прически, основанной на войлоках и укрепленной булавками в полуаршина величины, опасны и для отважного волокиты; но Г...ъ находит удобный случай сказать несколько слов Эротиде.

9

Что говорил он ей, что отвечала она ему, трудно, невозможно повторить. В русском языке на словах соблазн чувств еще не существует; почти до самого всемирного выражения "я вас люблю" уста молчаливы, глупы и рады, рады, что за них говорят очи.

Одно только умное и обдуманное сказал поручик:

— Я слыхал, вы охотницы ездить верхом.

— Я очень люблю верховую езду, — отвечала ему Эротида.

— Если б я был столько счастлив... (выражение, без которого нельзя обойтись), если б я мог сопутствовать вам в ваших прогулках...

— Эротида, Эротида! — раздалось из гостиной. И Эротида не успела отвечать: "Это было бы мне очень приятно".

Прошел день имянин, прошло несколько дней, во время которых, однако же, бригадир не скучает без поручика, хотя и некому было рассказывать "события прошедших дней, преданья старины глубокой". "Нет, — думал он, сам себе на уме, — знаю я эти кивера набекрень... тотчас приставят мазу!"

И бригадир продолжает свою обыкновенную жизнь, ездит с дочерью прогуливаться верхом, но без сопутника.

Он делал дело, и поручик также не забывал дела, только у Эротиды валилось дело из рук.

Один раз Г...ъ случайным образом встретился с старым кавалеристом и прекрасной амазонкой в поле. Поклонившись, он уже намерен был пристроиться к фрунту, обратив глаза направо, но бригадир почтил его вопросом:

— Куда, г. поручик?

— Так, ездил без цели и намерения.

— О, что ж за прогулка без цели я намерения. Я вам советую проехать на мой свечной завод; любопытно взглянуть, как свечки макают. Вот, поезжайте по этой тропинке.

— Очень любопытно! — отвечал поручик, бросив горестный взор на Эротиду и прощаясь со встречными.

"А, злодей! — думал поручик, отправляясь по показанной тропинке, — постой, и на тебя есть фортель!.."

Дня через два Г...ъ является перед обедом к бригадиру, зовет его на травлю лисицы, лисицы старой, опытной.

— Вы увидите, что у меня за собаки! — говорит он.

Травля — страсть бригадира.

— Посмотрим, посмотрим, г. поручик, не угодно ли спустить свою лучшую вместе с моим Лучом.

— О, рад! Угодно заклад? Ухо на ухо.

— Хорошо!

Сборы недолги. Седлают коней для Эротиды и бригадира. Денщик поручика помогает; он свел уже знакомство со всею дворней, он чистит и поглаживает коня Эротиды.

Садятся, едут в чистое поле. Охотники отправлены вперед; красного зверя везут в клетке; собаки рвутся со свор.

Бригадир и поручик заводят разговор об охоте; Эротида

галопирует подле отца; лошадка ее пляшет, гордится своим седоком... но вдруг прижала уши, замотала головой, замахала хвостом, пошла неспокойным, неровным шагом.

Наша амазонка отважно ездит, игра лошадки ей нравится, она затягивает уздечку... тс, тс!.. но лошадка ее закрутилась, взвилась, кинулась вперед стрелой, помчалась во весь опор; тщетны усилия Эротиды удержать ее.

Покуда бригадир успел ахнуть, Эротида уже далеко. Поручик успел уже догнать ее, схватить ее коня за узду, соскочить с седла... Конь вырвался из рук; но Эротида уже на руках.

– О, как счастлив я! – вскричал он, осыпая ее руку поцелуями. – Мне удалось спасти вас от опасности! Я сам бы умер, я не перенес бы малейшего вашего несчастия!.. – Это все было сказано невольно, а что невольно, то простительно.

– Вы испугались, Эротида?

Эротида хотела отвечать: "Нет-с, ничего"; но какое-то женское чувство сказало ей, что необходимо маленькое беспамятство, смущение.

Запыхавшись от страха, подскакал отец.

– Что с тобой, Эротида?

Эротида, поддерживаемая поручиком, медлит отвечать.

– Благодарю, благодарю, г. поручик... Не знаю, что сделалось с поганой лошаденкой; кажется, такая смирная.

– Верно, чего-нибудь испугалась... – отвечал поручик.

Прискакали и люди, заметившие издали, что с барышней случилось что-то недоброе. Послали за коляской; коляска приехала. Эротиду повезли домой... задумчивую: испуг сильно подействовал на нее.

Нельзя избавителю от опасности не навестить спасенную и не узнать об ее здоровье.

Но какая страшная перемена после подобного случая во взорах спасенной. Она уже без боязни, без робости смотрит на спасителя – и из их взоров невидимый паук (верно, тот, который соткал мир, по мнению негров) ткет паутину, опутывает ею крылатое сердце.

И вот настает время, свободно произносит язык, сперва:

– О, Эротида, я не пережил бы вас!.. о, этот случай показал мне, что в вас заключено мое благо!..

Потом спустя несколько времени:

– Эротида, Эротида! хоть одно слово!.. – но Эротида молчит... но ее рука уже осыпана поцелуями... она сама уже в объятиях...

Но это сон, дерзкая мечта. Родитель почивает спокойно положенные часы на отдых после обеда: он, проснувшись, думает о благе дочери... Она уже возле него; ее щеки горят, сердце бьется, душа, как голубь, хочет выпорхнуть из тела.

11

Часть II

Карлсбад. — Ва-банк. — Опоздала. — Новая пациентка. — Снова ва-банк. — Убита!

I

В 1814 году, когда в Париже целая Европа праздновала низвержение маленького Капрала с плеч своих, большая часть русских офицеров – раненых, больных и расстроивших свое здоровье, были уволены в отпуск, на воды, на все четыре стороны.

Уланского полка ротмистр Г...ъ также торопится пользоваться водами. Украшенный знамениями победы над общим врагом, он хочет пожить на воле, испытать счастия направо и налево.

Давно наслышан он про Карлсбад, давно жаждал Карлсбада. Там воды текут по золоту, берега Теппеля и Эгера усеяны живыми цветами; там вода и любовь во 165° теплоты; там пьется, кроме воды, благоуханное дыхание страждущих меланхолией, бессонницей, отсутствием аппетита и всеми возможными припадками, для которых нужно рассеяние и 165° спруделя¹ и любви, – любви, этого лекарственного недуга от всех недугов, этого опиума, возбуждающего деятельность чувств, этого дня среди ночи, этого блаженного страдания.

Может быть, Г...у полезнее бы были воды Висбаденские или Пирмонские, или даже Теплицкие, но Г...ъ предпочел Карлсбад – Карлсбад, который умнее было бы назвать Афродитенбад, потому что его воды есть Силуамский источник прекрасного пола, потому что и сама Венера в случае болезни не избрала бы для восстановления своего здоровья иных вод, кроме Карлсбада.

Итак, ротмистр Г...ъ едет туда.

Вот он уже вступает в границы Австрии, он уже проклинает мосты и мостики, на содержание которых обязан и он платить деньги, проклинает и гельд, и тринкгельд, и deutsche Sprache², которого не понимает.

Но вот въезжает он в Карлсбад... и тут слышит он halt³ и erlauben Sie! Привратник неторопливо продувает свою трубу, играет на трубе поздравление с приездом и за Frompe terstükchen!⁴ требует с Г...а деньги. Расплатился; но его останавливают еще двадцать вопросов, двадцать предложений и рекомендаций, печатных и словесных, всех гостиниц и table d'Hôte⁵ Карлсбада: где ему угодно остановиться? на

---

¹ Здесь: источник лечебной воды (немецк.)
² деньги, и чаевые, и немецкий язык (немецк.)
³ стой! (немецк.)
⁴ проезжайте! (немецк.)
⁵ табльдот (франц.)

долгое время или на короткое? – поденно, понедельно или помесячно? – какие воды будет пить?

Надоели Г...у запросы.

– Все равно, куда хотите везите! – говорит он.

– Как это можно, – отвечают ему. – Здесь есть и дорогие заездные домы, и дешевые, Gott weiss[6] где вам понравится, из многого выбирают: тут есть и Böhmische Saal[7], можно остановиться и под Золотым щитом, и под вывеской Оленя; может быть, вы любите играть в бильярд...

Выбирает Г...ъ Золотой щит. Нанял на месяц покой – являются новые посольства и предложения: какими водами будет пользоваться? угодно ли, чтобы его имя печатали в Badelist[8] за 30 крейцеров, или нет? хочет он иметь Badelist для прочтения или собственностью?

Ввечеру является у двери номера толпа Nacht-music[9], играет и требует денег.

Наутро является хозяин с предложением взять прием карлсбадской соли как необходимого средства для очищения перед пользованием водами.

Наконец все предложения истощены; Г...ъ пациент Карлсбада. У него оцарапано плечо пулею, рука подвязана; а это так интересует всех земных существ, носящих шелковые эполеты, обшитые блондовой бахромой, вооруженных золотым кинжалом, на котором у пояса привешены часы, – всех земных существ, украшенных серьгами – серьгами! признаком рабства, по глупым преданиям Востока.

Г...ъ уже в каштановой аллее. Вместо меча у него золотой лорнет в руке, вместо мундира на плечах фрак; только широкие лампасы, сапоги с высокими каблуками и шпоры показывают, что он военный, и какой военный! – с перевязанною рукою, с крученым усом, с русыми волнистыми кудрями, с вскинутым плечом, с маленькой модной сутулиной, с пур-ле-меритом на шее и с 25 годами, означенными в формуляре в графе "сколько от роду лет?".

Все эти достоинства могут привлечь и дружбу, и любовь на свою сторону.

В несколько дней воды Карлсбада приносят свою пользу. Ротмистр уже со всеми знаком; у него уже полна комната военно-раненой молодежи; он уже может владеть рукой, метать направо и налево, записывать, списывать и отписывать.

Время летит, пробки летят; кипит молодость, кипит и шампанское. О, девы, девы! женщины, женщины!.. смотрите на эту молодежь, смотрите на эти 52 листа, которые означали у древних число недель в году, а 364, число очков всех карт, – число дней в году. Посмотрите, как каждый юноша и муж заботится, чтоб ему

---

[6] Бог знает (немецк.)

[7] Богемский зал (немецк.) и Rothen Ochsen Красные быки (немецк.)

[8] список принимающих ванны (немецк.)

[9] ночной музыки (немецк.)

рутировала дама, с какою надеждою гнет он ее на пэ, и в душе и на столе транспорт! Но вот "ander Stück manier!"[10] поносит он свою даму, рвет на части, бросает под стол, встает из-за стола и идет мучить своими ласками первую встречную сусанхен; тщетно кричит она: Lassen Sie mich, herr Oberster![11]

Однажды в общей зале Золотого щита, где ежедневно готов список 200 блюдам для наблюдающих строгую диету, где есть и Мельникер, и Унгер, и Рейн, и шампаниер-вейн, кроме сладкой, соленой, кислой и горькой воды, где для моциону есть бильярд и карты, кости и фортунка, и триктрак, и просто шашки, а для услаждения слуха – и слепые, и зрячие музыканты, и оркестр, и оркестрино..., Г...ъ, окруженный понтерами, резал штос; ему не везло счастие, его оборвали; молчаливо он отирал пот с лица, брал новую талию, рвал вдребезги старую, и стакан каролину стоял подле него, забытый...

Банк сорван. Г...ъ вынимает кошелек, высыпает на стол сто червонцев; это все, чем он может жертвовать.

Он уже прорезал талию, понтеры протрещали колодами, выдергивают по карте.

– Ва-банк! – раздался голос в угле стола. Ротмистр вздрогнул, взглянул на нового понтера. Это был молодой человек; лицо его было болезненно; густые, черные бакенбарды и навислые усы еще более придавали ему бледности. Он был в казакине, в чекчирах с широким малиновым лампасом.

Бросив кошелек на стол, он повторил:

– Ва-банк! Дама!

Г...ъ взглянул на него и продолжал всматриваться.

– Извольте снять, – произнес наконец он не равнодушно, положив на стол колоду.

Молодой человек снял.

Г...ъ берет колоду, обертывает очками кверху, скидывает попарно карты...

– Дама убита! – вскрикивают все понтеры в один голос.

– Баста! – говорит Г...ъ, дометав талию и загребая выигрышные червонцы.

"Это горяченький новичок, – думает он, – надо с ним покороче познакомиться".

– Не в добрый час поставили вы решительную карту.

– Да, – отвечал молодой человек, – мне не везет счастие.

– Несчастье в картах, счастье в любви!

– Этому я не верю... может быть, вы на себе испытали.

– Карты мне не везут!

– А любовь?

– Любовь? ну, в ней трудно проиграться тому, кто не ставит целого сердца на одну карту.

---

[10] "на другой лад!" (немецк.)
[11] оставьте меня, господин офицер! (немецк.)

Молодой человек промолчал.

– Встречался ли где я с вами или у вас есть родные, – продолжал Г...ъ, – только что-то мне знакомо лицо ваше.

– Может быть, – сказал молодой человек, отворотясь к окну.

– Вы, верно, еще недавно здесь? – продолжал Г...ъ?

– Вчера приехал.

– В отпуску?

– Нет, в отставке, служил в Мамоновском полку.

– Если у вас здесь мало знакомых, то очень рад буду, если не откажетесь разделять со мною время. Вы где остановились?

– Под вывескою Три звезды.

– Поближе к водам!.. Вы, верно, туда идете теперь? И я иду прогуливаться, нам путь один; а я, между тем, вам как новому приезжему покажу, на что стоит обратить внимание в Карлсбаде. Вот, например, это "шёне[12] Кристинхен"!

– Lassen Sie mich, Kapitain![13]– вскричала молоденькая Кристинхен, служанка хозяйская, попавшаяся навстречу на лестнице и вырываясь из рук ротмистра.

Молодой человек, еще неопытный, как дева вспыхнул, потупил глаза; казалось, что это был первый урок в науке, для него новой.

Г...ъ взял его под руку; вышли на бульвар.

– Вы говорите по-немецки?

– Ни слова.

– Жаль! Русскому офицеру, знающему немецкий язык, здесь раздолье. Мне кажется, что женщины всего земного шара имеют какую-то особенную наклонность к русским... Ну, а здесь на водах необходимо волокитство; оно полирует кровь... Сегодня, кажется, все звезды на небе!.. Посмотрите! это больные! Верно, много опорожнено бокалов шампанского за их здоровье!.. За чье же здоровье они приехали сюда пить воду?.. А! вот и она!.. Как нравится вам это личико под голубой шляпкой?.. прелесть!

– Хороша.

– Только-то? Вы, верно, уже влюблены? Это равнодушие мне обидно. Но я все-таки рад, что и вы не будете в числе моих соперников... Я с ними разделываюсь á coup sûr[14].

Дамы приблизились. Ротмистр бросил значительный взгляд на девушку в голубой шляпке; взгляд девушки был еще значительнее. Молодой человек заметил это.

– Совершенство! – вскричал Г...ъ, когда прошли дамы, – и еще лучше то, что не она, а ее маминька сожжет себя 165-градусным спруделем, потому что, по-моему, нет ничего хуже залеченной женщины. То ли дело цветок, не тронутый хроническою меланхолиею, в который не влито еще медицинского здоровья. Что толку в превращении розы в лилию!..

---

[12] прелесть (немецк.)

[13] Оставьте меня, капитан! (немецк.)

[14] точным ударом (франц.)

– А если любовь заботится об этом превращении?

– Все равно! О, да вы мечтатель, заразились вздохами. Стыдно! Ну, женщине, существу архичувствительному, дело другое, а молодому человеку вянуть от любви... Зайдемте кстати на почту; ко мне должны быть письма из полка... Потом опять на бульвар, а потом ко мне, если угодно, на русский чай...

Они подошли к окошку, где выдают письма. Ротмистр объявил свое имя, ему подали письмо.

– Ба! – вскричал он, ломая печать, – знакомая рука!.. Запоздалое, сладкое известие от 12 июня 1812 года! О, это любопытно! Пойдемте в аллею, присядемте. Кстати, вы, кажется, устали; слабость заметна по вашему лицу.

Они пошли в аллею, сели.

Г...ъ пробежал письмо и захохотал.

– Ну, скажите, пожалоста, будьте судьей. Еще в исходе 11-го года стоял я, со взводом, в селе одного бригадира, чудака старого покроя, у которого была дочь. Тогда я был еще моложе, ветренее, влюбился в девушку. За взаимностию дела не стало. Старику нельзя было и думать отдать свою дочь за меня, потому что у меня ничего не было за душой, кроме моего почтения. Я готов был увезти ее – не решилась: как можно без папинькиной воли выйти замуж! А между тем молодость не рассуждает о последствиях. Уезжая, я поклялся всем, на чем свет стоит, и в беспредельной любви, и вечной верности; поклялся писать, дослужиться до бригадирского чина и тогда формально требовать руки ее. Перед началом войны я и писал; но открылась война – не до любви. В Германии, во Франции, победы; красавиц бездна, одна другой лучше, одна другой огненнее, победа за победой, а перед победителями все кладет оружие; и вот – прошли три года, и вот – письмо от моей милой Эротиды отыскало меня на краю света, да опоздала! Уведомляет, что она свободна, что папинька умер, что она ждет меня вручить мне свою руку... Опоздала! Нет, через три года я рисковать прогонами не буду. С тех пор много воды ушло, а девушки ждать женихов не любят, да и притом же, признаться, писать не умеет...

"Милой, дражающий друг, я слабодна, папинька... ах! не магу праизнести, сердце абливается кровию..." Прекрасный слог! Наставила ахов и охов! Терпеть не могу этой чувствительности! То ли дело...

Тут ротмистр вынул из бокового кармана записную книжку, из книжки вынул записочку.

– Прочтите.

– Извините, я не понимаю по-французски.

Ну, я сам прочитаю и переведу вам: Monsieur, je tiens trop à votre estime, т. е. Милостивый государь, я держусь очень к вашему уважению... pour n'avoir pas montré à ma mère dans une circonstance aussi importante pour la réputation d'une jeune personne, la lettre que vous venez de me fair l'honneur de m'écrire... т. е., что не показала маминьке в таком важном случае, для репутации молодой особы,

16

письмо, которое вы сделали честь мне писать... oserai – je vous avouer, monsieur, que je ne laissais pas de redouter son sentiment sur vos propositions... т. е. осмелюсь ли признаться что я боялась ее чувств на ваши пропозиции... Et n'est-ce pas assez vous fair entendre que mon coeur partage tous vos projets, – Adeline... т. е. и не довольно ли, чтоб дать вам слышать чрез сие, что мое сердце делит все ваши прожекты!

– Вот истинное женское мужество и доверенность полная! Такое сердце стоит похитить из объятий родительских.

– Да, это правда, – отвечал молодой человек с негодованием, – предпочтение ваше имеет законные причины... Синица в руках лучше журавля в небе... Однако ж мне нужно сходить теперь в контору и взять билет на воды... Извините меня, я вас оставлю...

Г...ъ пустился по бульвару, потерялся в толпе, а молодой человек пошел стороной бульвара. Он видел, однако же, как ротмистр мелькал около голубой шляпки; видел, как он отправился домой, а дамы с бульвара перешли улицу Ней-Визе и вошли в угольный дом.

Молодой человек подошел к крыльцу, спросил у человека в ливрее, кто из приезжих живет в этом доме.

– Пани ксёнжна[15] Л... из Польши, – отвечал человек.

– Она здесь со своею дочерью Аделиной?

– Так есть.

Молодой человек отправился домой в гостиницу под вывескою Три звезды.

– Спасу ее! спасу! – произнес он несколько раз почти вслух.

II

Настает вечер. Ротмистр ждет гостя, тасует карты. Молодой человек не идет. Между тем собралась молодежь. Сперва речь о женщинах, потом за карты; посмеялись над молодым человеком, проигравшим сто червонцев – верно, последние! – и молодой человек забыт.

На другой день, по обычаю, ротмистр и вся молодежь отправляются после обеда на бульвар; на бульваре новое лицо, которое обратило внимание всей публики.

Все, что только носит на себе название ein flinker, gewandter Bursch[16], все уже ходит около него, всматривается и просто, и в стекла, вздымает плечи и горбится, и щурит глаза, и пучит их, и оседает с ноги на ногу, и шепчет про себя: ah, c'est une divinité![17]

Г...а увлекает общая молва. Он также наводит свой лорнет и как знаток восклицает: чорт знает как хороша!

Он снова смотрит. Самолюбие его выражается обычными словами

---

[15] княжна (польск.)
[16] бойкого, ловкого бурша (немецк.)
[17] ах, это чудо! (франц.)

банкомета: о, да это такой куш, при котором не стоит обращать внимания на все прочие куши.

По слухам, это приезжая из России, обладательница нескольких тысяч душ. С нею нет ни маминьки, ни папиньки, ни бабушки, ни мужа; с нею только пожилой доктор немец; следовательно, она должна быть молодая вдова, рассеивающая свое горе...

Красота всех женщин, пациенток Карлсбада, потухла перед ней, как луна перед зарею.

Ротмистр снова смотрит и ищет ее взора... встречает... заметил в нем что-то такое... и забыл молоденькую польку Аделину. Аделина слишком белокура, слишком низка ростом, слишком легка: в ней нет того горделивого благородства, оценяющего собственное достоинство; нет того огня в очах, нет и нет чего-то, составляющего славу победы, льстящего всем чувствам.

– Чудное существо! – кричит молодежь, собравшись к ротмистру. – Верно, приехала рассеять печаль свою!.. Господа, не оставим сердца во вдовстве!

Ротмистр молчит, но в душе он готов бы был заступиться за ее честь, готов придраться к каждому, кто бы вздумал быть открытым претендентом на победу ее сердца.

Ротмистр проигрывается; тому она виновата, он рассеян; никогда еще женщина не поселяла в нем страсти; в первый раз испытывает он задумчивость и бессонницу. Она везде перед ним... Но он смеется и сам над собою; он уверен в самом себе, как всемирный победитель; он умеет ловить взоры, заставлять краснеть женщину – он так создан. Страсть может еще придать ему более решительности идти прямым путем к цели, не смотреть себе под ноги. "Кто бы ты ни была, – думает он, как Телемак, – богиня или простая смертная, ты будешь моею!" – и он преследует ее в галерее спруделя и в аллее каштановой, как будто владеющий уже правом защищать красавицу от лорнетов и толпы искателей.

Проходит несколько дней, и Г...ъ нашел случай говорить с нею на водах. Он торжествует, замечая, что в сердце ее запала уже искра любви к нему; от него не скрывается забывчивость, взгляды и угнетаемые скромностью вздохи.

Но скрывается ли это от стоглазого аргуса зависти? Таит ли это стоустое злословие?

Заступится ли женщина за честь женщины? отстоит ли ее от навета? или первая предаст на позор подобное себе существо?

В первый раз, когда Г...ъ подошел к madam Emilie Horeff[18] (так записана была незнакомка в Badelist) и завел разговор с нею и с сопровождавшим ее доктором, все, что только ходило в галерее, по доброй воле и для предписанного моциона, – все поняло, все проникло тайну, все улыбнулось, зашептало, заговорило о скорой победе, потом – о добродетелях женских, о скромности, о приличии...

---

[18] госпоже Эмилии Гиревой (франц.)

Злые слухи чернили уже прекрасную посетительницу Карлсбада, а она, как солнце, была выше туч, которые затмевали свет ее.

Только Г...ъ мог знать и испытывать на себе всю строгость ее правил, всю чистоту ее души, непроницаемой для соблазна. В разговорах с нею притупилась его дерзость; казалось, что он сделался мечтателем; он говорил с нею про Россию, возбуждал в ней любопытство видеть окрестности Карлсбада, малый Версаль, древний замок Стейн-Эльнбоген, где есть камень, упавший с неба; Хиршеншпрунг, где есть прелестное место, называемое небо на земле.

— О, — говорил он, — как блажен, кто испытает небо на земле, кто встретит ангела-женщину, осмелится произнести: люблю, и эхо этого слова отзовется в ее сердце!..

Блаженство на земле, — отвечала она задумчиво, — не похоже ли оно на мрачный угол горы, который носит название небо на земле! Может быть, тот, кто назвал его так, на этом же самом месте был мучеником раскаяния за миг надежды и радости!.. Один ли смысл заключает в себе слово люблю? Не значит ли оно иногда — я играю вами?

— Играть святым чувством! — возразил Г...ъ. — О, нет!.. я не испытывал еще его, не произносил слова люблю, не владел ничьим сердцем, но я заступаюсь за смысл этого слова...

Г...ъ продолжал описывать яркими красками любовь, взаимность, земной рай и, как будто не замечая, преследовал Эмилию до самого дома, нанимаемого ею против Золотого льва.

Перед крыльцом он остановился со всевозможными извинениями, что увлекся занимательностию разговора.

— Кого не увлекают слова?.. но поток их часто опасен... Благодарю вас.

Г...ъ готов уже был раскланяться, но прекрасная пациентка Карлсбада остановила его словами:

— Вы возбудили во мне любопытство видеть небо на земле. Если вам угодно сопутствовать мне туда, то я ожидаю вас завтра на утреннюю прогулку, в 10 часов утра.

Как будто предвидя готовность Г...а, она, не ожидая ответа, вбежала на крыльцо, а ротмистр, торжествующий в душе, отправился на бульвар, выходил весь Карлсбад и возвратился в свой номер не прежде полуночи, чтоб избавиться от докучливых товарищей своих; он ничего не хотел видеть, слышать и знать, кроме 10 часов утра.

После томительной бессонницы настало утро; но до 10 часов оставалось еще 18 000 мгновений.

Наконец Г...ъ летит на крыльях любви к Эмилии Горевой. Он застает ее в гостиной; перед нею на столе лежит золотое кольцо; она, казалось, задумалась над кольцом. Вошедший ротмистр испугал ее. Она смутилась.

— Извините меня, что я вошел без доклада; ваш доктор сказал мне, что вы принимаете... Но я возмутил, кажется, какую-то грусть, воспоминание... и над кольцом?..

— Нет, не кольцо было причиною моей задумчивости... в нем нет приятных для меня воспоминаний... оно не памятник любви!.. Я им могу столько же дорожить, сколько вы дорожите тем кольцом, которое у вас на руке... и в доказательство я готова с вами меняться...

– О, – сказал Г...ъ, смутясь несколько, – воспоминанием любви я бы не пожертвовал, но кольцо матери я имею право променять... Я желал бы променять его на кольцо ваше...

– Я не откажусь от своего слова. Вот кольцо, которым я не дорожу... Оно ваше!

– Вы дарите меня счастьем! – вскричал Г...ъ, меняясь кольцами. Он хотел что-то продолжать в восторге чувств своих, но вопрос Эмилии прервал его восклицания.

– Тут слова: Эротида, 1811 года. Это, верно, имя матушки вашей?..

– Ее имя... – отвечал Г...ъ нетвердым голосом. – Вы подарили меня счастьем!.. – продолжал он, надевая на руку кольцо и целуя его.

Но Эмилия не обращает внимания на его восторг. Она встала с места, вышла из комнаты...

"Что это значит? – думал Г...ъ. – Понимаю! порыв любви и испуганная скромность женщины..."

Вместо Эмилии вышла горничная девушка и объявила, что госпожа ее чувствует себя нездоровою и извиняется, что принуждена отложить поездку за город.

"А, плутовка! – думал Г...ъ, выходя и рассматривая кольцо, полученное от Эмилии. На нем было вырезано имя, но соскоблено... Может быть, это имя... но все равно!.. что мне нужды до прошедшего! Золотые ключи от города высланы навстречу победителю, и город будет наш!"

Г...ъ идет домой. Для него необходимо рассеяние; взор его светел, он щедр за общим столом, он готов лить шампанское на голову тому, кто не пьет его. После обеда рассыпает он червонцы на стол, тасует карты; понтеры трещат колодами, выигрышные червонцы в банке; пошли углы, транспорты, темные, на все четыре, до первой убитой...

– Ва-банк! – раздается в углу стола.

Ротмистр вскидывает взоры. Это знакомец его, молодой человек.

– А, мое почтение!.. Не хотелось бы на все, да нечего делать, за мной реванж.

– Ва-банк! дама! – повторяет молодой человек, Г...ъ начинает метать...

– Убита, – раздается в устах всех понтеров.

– Нет счастья в картах!

– Верно, вы слишком счастливы в любви! – говорит ротмистр, считая червонцы.

– Правда ваша. Не угодно ли выиграть любовное кольцо... Вы, кажется, можете отвечать таким же... Я вижу у вас на руке.

– Я на свое кольцо не играю, – отвечал Г...ъ, – но если угодно, ваше пойдет в пяти червонцах.

– Может быть, вы дороже оцените это кольцо. Молодой человек снял кольцо с руки и бросил к ротмистру.

Г...ъ взял его, взглянул на надпись: Эротида, 1811 года. Он

вспыхнул, вскочил с места, схватил молодого человека за руку, отвел его в сторону и произнес задыхающимся голосом:

– Где, сударь, взяли вы это кольцо?

– Я, сударь, не обязан вам отвечать на ваш вопрос.

– Вы должны отвечать, или я заставлю вас, сударь, отвечать на расстоянии четырех шагов!..

– И очень рад, принимаю ваш вызов.

– Завтра же в 6 часов, сударь!..

– Не завтра, а сего же дня; теперь еще светло, сию же минуту! Там, сударь, где небо на земле!

– Очень хорошо-с! Уверен, что вы там не будете так счастливы на rendez-vous[19] со мною!.. но секунданты?

– Не нужно... к чему свидетели? Любовь не терпит их, и ненависть не должна любить! Прощайте, чрез полчаса я буду на месте.

Молодой человек уходит.

"Знаю я вашу братью фанфаронов!" – думает ротмистр.

В положенное время он велит седлать коня, берет кухенрейтерские пистолеты, едет в Хиршеншпрунг. Молодой человек уже там.

– На сколько шагов угодно? с барьером.

– Вы вызывали меня отвечать вам в расстоянии четырех шагов, и я готов; но до смертельной раны, не иначе.

Решимость молодого человека потрясла душу ротмистра.

– Хорошо, хорошо! – отвечал он, – заряжайте пистолеты!

Пистолеты заряжены, шаги отмерены.

– Я вам, сударь, повторяю, – говорит Г...ъ, – извольте мне отвечать на вопрос, сделанный вам, и дело обойдется без крови.

– Ответ уже в дуле, сударь, извольте повторить ваш вопрос выстрелом!

Г...ъ навел курок, молодой человек также. Он подошел к самому барьеру, целит в ротмистра медленно.

Г...ъ не выдержал, спустил курок, и пуля впилась в грудь молодого человека. Он упал на землю, бросил пистолет, сжал рану рукою.

– Убил! – вскричал Г...ъ невольно, подбегая к нему.

Молодой человек приподнялся, сорвал с себя накладные волоса и произнес замирающим голосом:

– Оставьте... помощь ваша бесполезна и для соперника вашего и для моей соперницы...

– Эмилия! – вскричал Г...ъ, падая на колена.

– Нет, не Эмилия... а забытая тобой... Эротида... прощай!..

– Эротида! – едва промолвил ротмистр. Чуть внятное прощай повторилось. Последний луч солнца исчез за горою; казалось, что ночь торопилась накинуть черный покров на отжившую Эротиду.

– Вообразите же себе, – говорил мне Г...ъ в 1818 году в М....е, – был же я столько слеп, что не узнал Эротиды в Эмилии и Эмилии в этом отчаянном офицерике Мамоновского полка.

---

[19] на свидании (франц.)

– Что же сделали вы с этой несчастной? – спросил я, смотря с ужасом на этого человека.

– Похоронил собственными руками в волнах Эгера! Возвратившись в Карлсбад, я на другой же день слышал новость городскую: повсюду рассказывали, что прекрасная пациентка скрылась неизвестно куда с одним молодым человеком, моим соперником, испугавшимся вызова на дуэль... Аделина долго дулась на меня, однако же мир был заключен; она рассталась с маминькой. На границе России, в первой церкви, стал я с нею около налоя, дьячок подал нам в руки свечи, отпел панихиду вместо венчанья... Теперь не знаю, как проживает она в Могилеве на Днепре.

Вот слова, которыми заключил Г...ъ рассказ, из которого я составил быль или небылицу – не знаю.

– Повесть хороша, хороша! – сказали слушатели.

– Хороша, только конец немного темен; притом же Эротида в собственной роли мало образована, в роли Эмилии слишком блистательна, а в роли офицера чересчур мужественна.

– Воспитание, любовь и время чего не могут сделать из женщины! – отвечал хозяин-повествователь, укладывая свою тетрадку в бюро.

Иоланда

I

В один из прекрасных июльских вечеров 1315 года Гюи Бертран, славный церопластик, недавно приехавший в Тулузу, сидел задумчиво подле открытого окна в своей рабочей (комнате). Он жил против самого портала церкви св. Доминика. Заходящее солнце освещало еще вершину башни. Гюи Бертран смотрел на эту вершину. Тень поднималась выше и выше по туреллам, лицо его более и более омрачалось, и казалось, что все надежды его уносились вместе с исчезающими лучами солнца на башне. Он имел все право предаваться отчаянию: кроме тайного горя, которое отражалось во всех чертах его, искусство, доставлявшее ему пропитание, было запрещено под смертною казнию после суда над шамбеланом Франции Энгерраном Мариньи, его женою и сестрою, обвиненных в чаровании короля Людовика X. – Вот последнее достояние! – проговорил Гюи Бертран, вынув из кармана серебряную монету и хлопнув ею по косяку окошка.– Жена придет за деньгами на расход... я отдам ей все, что имею, а она скажет: этого мало!.. Завтра голодная жена и дети будут просить милостыню, а я буду пропитаться на счет моих заимодавцев в тюрьме Капитула! И с этими словами Гюи Бертран схватил лежавший на окне резец и вонзил его глубоко в дерево. В эту самую минуту кто-то постучал у дверей. – Вот она! – произнес Гюи Бертран, вставая с места и отдергивая задвижку. Но вместо жены вошел неизвестный человек в широком плаще, бледный, худощавый, высокий, с впалыми глазами. - Гюи Бертран? - Так точно. Неизвестный, входя в рабочую, припер за собою дверь. – Угодно вам принять на себя работу? – Очень охотно приму... разумеется, скульптурную – Нет, работа будет относиться собственно до вашего искусства...– сказал неизвестный, вынимая из-под плаща небольшой портрет.- По этому портрету вы должны сделать восковую фигуру. – Восковую? Не могу! – и Гюи Бертран, осмотрев с ног до головы неизвестного, невольно содрогнулся. - Вы. может быть, думаете. что я фискал инквизиции, ищу вашей погибели? Нет! Впрочем, я найду другого церопластика, который будет снисходительнее... Неизвестный взял под плащ портрет и хотел идти. – Позвольте... Если вы мне скажете, для какого употребления заказываете... - Вот прекрасный вопрос! – Но... вы знаете, что можно сделать злое употребление... - О конечно, из всего можно сделать злое употребление; однако же, покупая железо, не давать же клятвы, что оно не будет употреблено на кинжал. Впрочем, будьте покойны: это для коллекции фамильной. Угодно взять? Гюи Бертран думал. – Извольте отвечать скорее! – Берусь... но... мне не дешево станет эта работа... и вам также. – Насчет этого не беспокойтесь: вот вам в задаток... здесь в кошельке двадцать луидоров. Через неделю должно быть готово... только сходство разительное... – Можете положиться... Неизвестный удалился. Гюи Бертран запер двери, спрятал портрет в шкаф. бросил кошелек на стол и сел снова подле окна в раздумье. Вскоре вошла жена его. – У тебя, Гюи, кто-то был? Не для заказов ли? – Да! – ответил Бертран. - Слава Богу! - Да!- отвечал Бертран. – Это что такое? – Деньги. - Слава Богу. - повторила жена.- двадцать луидоров!.. Это все твои? – Да! - отвечал Бертран. – Я возьму на расход?. – Возьми. - Ты, верно, обдумываешь заказанную работу?.. Я не буду тебе мешать. Она вышла, а Гюи Бертран просидел до полуночи перед окном.

II

На другой день рано утром Гюи Бертран вошел в свою рабочую, вынул портрет, поставил его на станок и, заложив руки назад, стал ходить из угла в угол. - Какое очаровательное существо! – сказал он, смотря на портрет.- Так же хороша была и дочь моя! Где ты теперь, неблагодарная Вероника! У него хлынули из глаз слезы. Он закрыл лицо руками и отошел от портрета, сел подле окна в безмолвии...

23

Когда в нем утихло горькое воспоминание, он подошел снова к портрету. – Чувствую, что не на добро заказано это!..– повторял он, говоря сам с собою и посматривая на портрет.– Бедная девушка! Может быть, и тебя преследует соблазн или мщенье? Если я буду средством к твоему истязанию? Этот человек в оборванном плаще так похож на чернокнижника!.. Нет сил приниматься за работу... Долго ходил Гюн Бертран по рабочей, то посматривал на портрет, то на распятие, которое стояло на столе в углу комнаты. – Нужда, нужда! - вскричал он, наконец, и, запоров двери, принялся за работу. Через неделю, поздно вечером, незнакомец явился; восковая фигура была уже готова и уложена в ящик. – Вы ручаетесь за сходство? – Ручаюсь. – Вот еще тридцать луидоров: помогите вынести. Гюи Бертран с трепетом помогал выносить ящик на улицу, где стояла уже готовая фура. - Прощайте,– сказал неизвестный; и фура и он исчезли в темноте.

***

Солнце склонилось уже на запад, и тени как будто украдкой приподнялись из земли, из-под гор, холмов и зданий, построенных на кладбищах давних поколений, и потянулись к западу. Медленно сливались они друг с другом и застилали мрачной одеждой своей вечерний свет на красотах природы. Вдоль Пиринеев, по обе стороны пролома Роландова, казалось, что гиганты стали на стражу вокруг своих старшин с белоснежными главами, озаряемых последними лучами утопающего света в океане. В это время в комнате со сводами и окном с узорчатой решеткой, сквозь которое перед потемневшим небом видны были за шумным порогом Гаронны влево Тулузский замок под горою, а вправо – пространные луга, предметы потухли, все тут было черно и казалось пусто, безмолвно. В углу только светилось еще распятие над Адамовой головой, но против него, в боку комнаты, мрак, казалось, шевелился. С трудом можно было рассмотреть, что подле ниши, задернутой черной занавеской, сидела женщина. - Теперь... ты готова, Санция! – раздался ее голос.-Недостает только Раймонда, чтобы полюбоваться в последний раз на красоту твою!.. Но кто знает!.. Может быть... он... О! если б он обнимал тебя в эту минуту!.. нежил, клялся в любви, осыпал поцелуями... и вдруг невидимая рука... В руке женщины что-то блеснуло. Кто-то постучался в двери. Женщина вздрогнула, на второй стук она подошла к дверям и отперла. Вошел монах. – Мир ищущим утешения в завете Христа! - произнес он. – Отец! - сказала женщина.– Я призвала тебя про читать отходную над умирающей. – Кто она такая? – Моя ближняя... – Как ее имя? – Санция. Монах подошел к ложу с молитвой; женщина припала подле на колени. Монах стал произносить исповедь. - Отец, она не может отвечать, но я за нее порука.. Она безгрешна!.. Монах читал отпущение грехов и отходную и поте, прикоснулся распятием к челу лежащей на постеле, покрытой белым покрывалом. Женщина встала, положила деньги в руку

24

монаха, он тихо вышел. Женщина заперла за ним двери, подошла снова к локу. Потухавшая лампада перед распятием ожила и мгновенно бросила томный свет на бледное, но прекрасное лицо женщины; она была в черной одежде. Взглянув с содроганием на отпускаемую с миром в мир горний, она откинула назад свое покрывало и бросилась в кресла подле ложа. – Теперь ты готова, Санция!.. возлюбленная моего Раймонда! – сказала она дрожащим, но твердым голосом.-Выслушай же Иоланду... Она хочет оправдать сердце свое... Ты можешь играть любовью Раймонда... ты дитя... ты дочь высокородного капитула... А я, я не могла играть его любовью... Для меня любовь его была священна!.. Я дочь бедняка, но я боролась с будущим своим несчастием еще в то время, когда на этом несчастий была маска земного блаженства... Я говорила Раймонду Толозскому, когда он обольщал чувства мои: Оставь меня у отца и матери! не увози в Тулузу, где есть Санция, которую будут венчать в образе Изауры Толозекой... Вот невеста тебе... Ей предайся... Представительница Изауры бросит на тебя взор любви с золотого престола!.. – Нет! – сказал мне Раймонд.– Санция – восковая фигура, я тебя люблю, Иоланда!.. Он заглушил слова мои клятвами, пресмыкался змеей... целовал колени мои... а я верила, пригрела его на груди!.. Но и в минуту безумия собственного я еще говорила: Оставь, не срывай бедную фиалку, возвратись к розе!.. А он оковал меня!.. Я говорю правду... Верь мне, дочь высокородного капитула!.. Вот свидетель мой!.. Видишь, Санция? Я хочу воротить Раймонда не к сердцу своему, а к собственной его крови!.. Хочу разлучить его с тобою; но кто может разлучить два сердца, кроме смерти!.. Да, только смерть... Смерть тебе, Санция!.. И с этими словами она бросилась к ложу. Три раза, посреди окружавшего ложе мрака, блеснули струи молнии. Она остановилась, зашаталась на месте и с диким криком упала без памяти подле ложа. Из рук ее выпал кинжал и зазвенел.

IV

В зале аббатства св. Доминика, за длинным столом, накрытым сукном, сидел главный инквизитор, сидели и члены инквизиции толозской. Окна были задернуты зелеными занавесками, от которых все лица казались помертвевшими. В простенке задней стены, между впадинами, возвышалось до самого свода распятие. Стол судилища стоял на некотором возвышении. Дьяк судилища сидел в конце стола, на табурете с непокрытой головой; члены же и инквизитор сидели в креслах, на спинках которых было красное изображение креста. Все они были в черных с белыми полосками мантиях, застегнутых спереди и покрывавших только грудь, в шапках четвероугольных, расходящихся кверху. После тихих совещаний главный инквизитор стукнул молотком по столу. Вошел сбирро в красной мантии и в красной высокой шапке, с булавой в руках. Вслед за ним вошли несколько стражей в подобной же одежде, но с секирами в руках; они выстроились по обе стороны двери. За ними ввели под руки женщину в черной одежде; лицо ее было завешено покрывалом. Ее подвели к самому столу и посадили на табурет. Инквизитор подал знак, стражи вышли. – Сбрось покрывало! – сказал ей инквизитор. Женщина откинула покрывало. – Кто ты такая? – Иоланда! – ответила она тихим голосом. – Откуда ты родом? Женщина молчала. – Кто твой отец? Женщина молчала. – Зачем ты здесь? – Я призвана инквизицией. – Что имеешь ты сказать? – Ничего. – Читайте показание. Дьяк читал: Показание хозяина Иегана Реми. Иоланда, не объявляющая ни места своего рождения, ни роду, ни племени, по показанию жителя Толозы Иегана Реми, ремеслом мельника, проживает у него реченного в доме более года в тишине и неизвестности, платя исправно за постой; посещал ее реченную Ноланду по вечерам неизвестный молодой мужчина и неизвестные люди, приносившие ей съестные припасы, а с недавнего времени посещал ее другой неизвестный человек подозрительной наружности. Третьего же сентября 1315 года, в ночь, услышав вопли в ее половине, реченный Иеган Реми пошел к ней, но двери были заперты изнутри, почему и поторопился дать знать о сем городской страже, которая, прибыв в дом во время ночи, разломала запертые двери и взяла с собой реченную Ноланду, после чего реченный Иеган Реми и не видел уже сию женщину . – Кто такие люди, посещавшие тебя? – спросил снова инквизитор. Женщина молчала. Инквизитор подал знак. Из другой комнаты внесли носилки, накрытые черным покрывалом. – Это чьих рук дело? - спросил инквизитор, показывая на носилки и приказав сдернуть покрывало. Иоланда оглянулась, вздрогнула с криком и затрепетала. Ее поддержали. Но носилках лежала очаровательной красоты девушка, на щеках румянец не потух, уста улыбались, но глаза ее были неподвижны, окованы смертью. – Читайте обвинение. Дьяк читал: – Иоланда обвиняется принадлежащей ко второму разряду преступных. Второй разряд преступлений составляют демонские науки: черная магия, порча, колдовство, заочные убийства. Иоланда обвиняется в заочном убийстве: в нанесении трех ударов в сердце дщери высокородного капитула Берихарда де Гвара, как то признано отцом и матерью и всеми капитулами. Реченное убийство явно подтверждается тем, что дщерь реченного капитула Берихарда де Гвара, Санция, в ту ночь из замка Гвара внезапно исчезла, что и заставляет полагать утвердительно, что демонская сила исхитила ее из объятий родительских, чтобы предать чарам Иоланды . – Сознаешься ли ты в убийстве? – спросил инквизитор Иоланду. Но Ноланда не отвечала: она без чувств лежала на руках двух сбирров. – Приговор свой услышишь ты в свое время,- продолжал инквизитор и подал знак, чтобы ее вынесли. Иоланду положили на носилки подле Санции, накрыли покрывалом и вынесли.

V

Настал день аутодафе, день торжества инквизиции, в который министры мира сжигают жертвы человеческие во славу Милосердого, во спасение людей и скупление их мукою времени от муки вечной. Еще до света раздался в Тулузе печальный, унылый звон колоколов, повещающий народу великое зрелище. Со всех концов города стекались любопытные. Процессия доминиканцев выходила на площадь; несли шитое и окованное золотом знамя с изображением св. Доминика, учредителя инквизиции, с мечом и миртой в руках и с надписью Justitia et misericordia[20]. Вслед за знаменем шли рядами преступники, обреченные казни, босые, в одежде печали и отвержения; в руках каждого был факел из желтого воска; подле каждого шел нареченный отец и исповедник с крестом в руках. Но за этими рядами преступников несли распятие, которое, склонясь над головами их, означало надежду на милосердие; только одна жертва, шедшая позади всех, были лишена этой надежды. Эта жертва была женщина. Ее вели под руки; на ней был черный балахон, а сверх его samara, или нарамник серого цвета, испещренный изображениями демонов и ада; на передней полости его был нарисован портрет преступницы посреди костра, обнятого пламенем. На голове ее была carochas, остроконечная высокая шапка в виде сахарной головы, с подобными же изображениями нечистой силы. Преступников провели во внутренность храма св. Доминика и посадили на лавки; подле каждого заняли место нареченные отцы и исповедники. Посредине алтарной стены возвышалось распятие, по обе стороны на хорах под балдахином сидели инквизиторы, в стороне была кафедра дьяка. По совершении молитвы дьяк стал читать обвинение и приговор каждого из преступников, после чего главный инквизитор объявил не обреченным на сожжение, милосердное отпущение грехов и назначение на галеры. На сожжение обречена была только женщина. - Как хочешь ты умереть: христианкой или отступницей? - спросил ее член судилища. Она упорно молчала на этот вопрос, несколько раз повторенный. Ее сдали исполнителям казни и повели на площадь. Там был уже костер со столбом посередине. Когда процессия исполнителей казни остановилась подле костра, проповедник произнес к обреченной казни увещание, хотел поднести к устам ее распятие, но она отклонила руку проповедника и сказала тихо: – Я не достойна. Ее ввели на костер. Палачи привязали ее руки к столбу. Факелом, который она несла, один из доминиканцев зажег костер; костер мгновенно весь вспыхнул. – Раймонд!..– простонала несчастная. Пламень обвил ее. Никто не знал, кто она такая. Все смотрели на нее, как на чаровницу, без сожалений. Но вдруг купа дыму и пламени как будто раздалась мгновенно; послышался вопль младенца; стон несчастной жертвы заглушил его. Все содрогнулись. Но, может быть, народу, окружавшему костер, это почудилось.

---

[20] Правосудие и милосердие (лат.)

На другой день у входа в храм св. Доминика народ толпился и смотрел на портрет сожженной женщины: изображена была голова на пылающих головнях, с надписью: Чародейка Иоланда, сожженная за заочное убийство Санции, дщери высокородного капитула толозекого Бернхорда де Гвара. Гюи Бертран видел из своего окна эту толпу, любо пытство повело его посмотреть на портрет преступницы. Он подошел, взглянул и грохнулся на помост. В это время прогремел по мостовой фиакр, перед которым бежал скороход и за которым ехали два рейтара. В нем сидели: прекрасный собою мужчина в одежде капитулов тулузских и необыкновенной красоты женщина в голубой бархатной одежде и в такой же шапочке с белыми перьями. Заметно было, что любопытство ее было причиной остановки фиакра против портала. Мужчина подал ей руку, и они вошли на помост храма; толпа раздалась перед ними. – Он умер, умер,– говорили в толпе.– Гюи Бертран умер! – Раймонд! - вскричала женщина с ужасом, прочитав надпись. - Что это значит? Мое имя!.. Но Раймонд стоял уже бледный и немой. Глаза его безумно двигались; весь он дрожал. - Раймонд! – повторила женщина, взглянув на него. Не говоря ни слова, он увлек ее за собой к фиакру; фиакр загремел вдоль по площади, но мужчина и женщина, сидевшие в нем, были уже бледны, как мертвецы.

Не дом, а игрушечка!

I

Мы, люди, вообще многого не знаем, многого не видим, что около нас делается, не ведаем всего, что на свете есть и чего нет. Такова, верно, природа людей; в этом-то, может быть, и заключается сущность дела: видеть и в то же время не видеть, знать и в то же время не знать. Например, все знают, что Москва сгорела во время нашествия французов; а кто знает, что сгорело в ней, кроме домов и кроме имущества жителей? Москва отстроилась напоказ, на славу, стала великолепнее и в то же время грустнее, скучнее, – точно как будто внутренний свет, эта беззаботная веселость духа вылилась наружу и оставила сердце в потемках. – Что ему там делать? – Сидит себе ни гугу. Отчего это? – Оттого, что кроме зданий и имущества погорели в Москве старинные домовые.

Как это ни странно кажется теперь, но в старину было правдой.

Старинный дедушка-домовой был не призрак, не привидение, не гороховое пугало, а вот что: как говорится, во время оно каждый родоначальник, укореняясь на новоселье, с каждым новым поколением принимал почетные звания отца, деда, прадеда, прапрадеда, все жил да жил и рос в землю; год от году все меньше и меньше и наконец хоть снова в колыбельку. Дадут ему с ложечки молочка, он и заснет спокойно; а вся семья ходит на цыпочках, чтоб не потревожить дедушкина дедушку. Достигнув до возраста семимесячного ребеночка, дедушка, проснувшись в последний раз, среди белого дня говорил: "Детушки, и на печке стало мне холодно, оденьте-ка меня в белый балахончик, окутайте да уложите в печурочку. Я сосну, а вы себе живите да поживайте, не заботьтесь обо мне, а поминать поминайте: пищи мне не нужно, только в сорочины блинков напеките да крещенской водицы поставьте. Белого дня мне уже не вынести, а придет иное время – проснусь в ночку, посмотрю, сладок ли сон ваш. Мирно все будет, и я буду мирен; а как постучу, так смотрите, оглядывайтесь, помните, что дедушка стучит недаром. Ну, вот вам последнее слово: держите совет и любовь".

Боясь дедушки-домового, все от старого до малого свято исполняли его последнее слово. Им в семье хранился мир: жили к старшим послушно, с равными дружно, с младшими строго и милостиво. Ладно и весело на сердце. А чуть что не так, дедушка стукнет, все смолкнут, оглянутся – дедушка, дескать, стучит недаром. Стерегись.

Бывало, деревянный дом, а стоит-стоит – и веку нет; стены напитаются человеческим духом, окаменеют; вся крыша прорастет мохом – гниль не берет.

То были времена, а теперь другие: и теперь есть домовой – да внутри нас; тоже заголосит подчас, да про глухого тетерева. Вот в чем беда.

До нашествия французов много было еще таких домов, со старинными домовыми, а после того, сколько мне по крайней мере известно, только два, по соседству, рядышком.

Старинные дома были как-то не то, что теперешние. Старинные дома были гораздо хуже, и сравнения нет, да в старинных домах были такие теплые углы, такие ловкие, удобные, насиженные места, что сядешь – и не хочется встать. Про печки и говорить нечего: печки были, как избушки на курьих ножках, с припечками, с печурками, с лежанками; и на печке, и за печкой, и под печкой – везде житье, а теплынь-теплынь какая! И домовому был приют. То были времена, а теперь другие. Бывало, все в полночь спит мертвым сном. Не спалось, бывало, только тому, чей день был грешен. Зато он и наберется страху от грозы домового, заклянется от греха: век, говорит, не буду! И теперь тоже говорят: век не буду, да по пословице – "день мой, век мой" – с наступлением зари нового века принимаются за старые грехи, а пугнуть некому: старинных домовых нет, и внутренний голос осип.

Один из старинных, упомянутых нами домиков, в которых

водились еще дедушки-домовые, принадлежал одной старушке. Это была чудо, не просто старушка, а молодая старушка; зато дедушка-домовой и лелеял ее сон, ходил на цыпочках и, как домовой "Чуровой долины", вместо обычной возни наигрывал на гуслях и распевал любовные песни. Дедушка в самом деле был влюблен в нее, как домовой "Чуровой долины" в княжну Зорю. И был прав: при неизменчивости душевной красоты и наружная не вянет, по крайней мере в памяти. У старушки неизменны были и ангельская улыбка, и приятный взор. Морщинки как будто еще украшали ее личико; недостаток зубков как будто придавал нежность речам: ведь выпадают же у детей молочные зубы, и это нисколько их не портит; а добрая старость тоже младенчество.

У старушки был внучек Порфирий. Она так любила его, нежила и берегла, что даже в комнате для предостережения от простуды он ходил в чепчике и грудка его сверх курточки обвязана была большим платком. Так как по старому обычаю молодой человек лет до 20 считался ребенком, то и старушка смотрела на внучка своего, как на дитя, хотя ему было уже около 18 лет. Он в самом деле был премилый ребенок, и, когда летом сидел в мезонине у открытого окна, в чепчике и бабушкином платке, чтоб не пахнул ветерок на грудку, проходящие и проезжающие современные юноши заглядывались на него, воображая, что это сидит в тереме красная девушка. Не хуже красной девушки он потуплял глаза свои от нескромных взоров.

Старинный дом по соседству был как родной брат дому старушки и также с мезонином, которого боковое окно обращалось к соседу; но стекла от времени сделались перламутровыми.

Соседский дом принадлежал старичку больному, дряхлому, мнительному и капризному и от лет и от бед, которые он перенес в жизни. У него оставалось одно утешение – внучка Сашенька, ребенок – душка, каких мало. При Сашеньке была старая няня, а при самом старичке старый Борис, дряхлее своего господина, который по ночам, во время бессонницы, заговаривался уже с домовым.

В продолжение дня старик сидел в глубоких креслах, обложенный подушками, тяжело дышал от удушья и, посматривая на внучку, которая играла подле него куколками из тряпочек, все бормотал что-то про себя. Иногда и разговорится: няня свернет Сашеньке новую куколку, внучка подбежит к дедушке и похвастается своей куколкой: "Дедушка, куколка!"

– А! куколка? – скажет старик. – Хорошо... вот постой... я куплю тебе настоящую куклу...

– Да только все обещает дедушка, – отвечает вместо Сашеньки няня.

– А вот... будет хорошая погода... так мы в поедем в город... – скажет старик, посматривая в окно сквозь тусклые стекла летних и зимних рам. – Видишь, какая пасмурная погода...

– Бог с вами, какая пасмурная, – скажет няня, – если уж эта пасмурная, так светлой-то нам и не дождаться.

– Сырость в воздухе, – проговорит старик, – это я чувствую по себе... так и душит...

Во время ночей старик мается на постели и также все бормочет:

– Совсем сна нет... вить уж скоро, чай, заутреня? Заутреня скоро!... о-хо-хо!

– Ого, – ответит домовой, повернувшись за печкой с боку на бок.

– Смотри пожалуй... где это стучат? Чу, стучит... а?

– Ага! – отзовется домовой.

Старик начнет прислушиваться, потом кликнет сонного Бориса и спросит:

– Где это стучит?

– Нигде не стучит.

– Что-о?

– Нигде не стучит, – крикнет Борис на ухо.

– Что ж это... в голове, стало быть, стучит?..

И старик снова начинает прислушиваться, где стучит: в голове или вне головы. А Борис, уходя, бормочет себе под нос: стучит! Черт, домовой стучит, прости Господи! Ляжет, а домовой и начнет его душить за ложь и брань.

II

Так проходили годы. Сашенька подрастала, старик дряхлел и час от часу становился мнительнее и боязливее за внучку. Соблазн ему представился во всем ужасе. Припоминая свою храбрую молодость, он знал, что девушка в 15 лет как кудель: стоит только бросить огненный взор – и загорелась. Не доверяя и глазу старой няни, он без себя не стал отпускать Сашеньку даже в церковь. Напрасно няня представляла ему, что это великий грех.

– Когда ж вы соберетесь-то сами? – говорила она ему.

– А вот... погода будет получше... поедет в соборы... в соборы поедем... покуда дома помолится... все равно...

– Нет, не все равно! грех!

– Ну, ну, ну, ты дура... По-вашему, не грех женихов выглядывать!..

– Что ж такое? А по-вашему как? По-нашему, дай бы Бог, чтобы нашелся женишок Александре Васильевне, – отвечала няня с сердцем.

Старик пришел в ужас.

– Молчи!.. дура!.. Я прогоню тебя! – вскричал он. – Видишь, что говорит!.. научит еще ребенка под окном сидеть, напоказ!.. окон на улицу у меня ни под каким видом не отворять!.. слышишь? а не то заколочу! Я тебя заколочу и окна заколочу!

– Слава Тебе Господи, дослужилась до доброго слова! – проговорила няня, залившись слезами.

Тревожное опасение за внучку день ото дня увеличивалось. олько и думы у старика: как бы скрыть свое сокровище от обаяния какого-нибудь чародея.

"Где ж усмотришь за девочкой, – думал он, – выглянет на улицу – и беда! Вон, эво, так и шныряют проклятые ястребы – нет ли в окне добычи".

Подозрительный глаз старика так и преследовал всех молодых людей, проходящих по улице. Как на зло ему, большая часть останавливалась, чтоб посмотреть на два старинных домика. В самом деле, после 12-го года они одни красовались посреди пожарища и казались такими завидными для всех погоревших, что, проходя мимо, каждый останавливался и восклицал: "Смотри пожалуй, кругом все обгорело, а эти чертовы избушки стоят себе, как будто бы ни в чем не бывало!.. Ей-Богу, на удивление!" Но вскоре все соседство как будто разбогатело после пожара – вместо деревянных домов выстроило себе каменные палаты, и снова все прохожие, вместо умилительного взгляда на почтенную древность, восклицали: "Смотри пожалуй, две чертовы избушки втесались между каменных палат! Ей-Богу, на удивление!"

Эти остановки проходящих и любопытство взглянуть на обросшие зеленым мохом домики мнительный старик понимал по-своему.

– Ох эти мне, – бормотал он про себя, – глазом не видят, так чутьем слышат. Долго придумывая, как бы охранить внучку от соблазна, старик наконец ухитрился.

– Постой, погоди, молодцы, – сказал он, – я вас проведу мимо двора щей хлебать!..

И тотчас же, несмотря ни на горе покорной внучки, ни на слезы и ропот ее няни, приказал обстричь под гребешок прекрасные волосы Сашеньки. Потом велел Борису вынуть из сундука все старое платье и принести к себе.

Притащив груду рухляди, Борис, кряхтя, сложил ее перед стариком и, казалось, начал приподнимать по очереди слежавшиеся дружно тени нескольких поколений огромного некогда семейства. Память о далеком прошедшем ожила перед двумя стариками, но барин думал о своем.

– Тут должна быть курточка Кононушки! – сказал он.

– Где ж тут курточка? – отвечал Борис, перебирая и рассматривая мужские и женские платья прошедшего столетия. – Это не курточка!

– Покажи-ко: какая ж это курточка, это камзол дедушкин...

– Эка, – проговорил Борис со вздохом, – носить бы да еще носить!.., бархат-то! а?.. Это робронт!.. Кажись, покойницы матушки... Дай Бог Царство Небесное.

– Покажи-ко. Какая ж это курточка?..

– Какая ж курточка, кто говорит... кафтан-то ваш... а? шитье-то какое!.. Кажись, Палагея-то Васильевна своими руками вышивала... материал-то! Не то, что теперь!..

– Не матерчатая, а суконная, я тебе говорю!..

– Суконная? Так бы вы и сказали... Какая ж суконная?.. Вот суконный-то ваш мундир весь моль съела...

– Как моль съела? Покажи-ко.

– Словно решето.

– И Кононушкину курточку-то моль съела?..

– А Бог ее знает: вот ведь тут ее нету... Разве в другом сундуке.

После долгих поисков курточка была найдена. Старик обрадовался, призвал Сашеньку и велел ей надеть, а на шейку повязать платочек.

– Для чего же это, дедушка? – спросила она.

– Для чего! Ты у меня будешь амазонка... Посмотрись-ко в зеркало... хорошо? Ты у меня будешь амазонка...

– Да что ж это, для чего ж это, сударь, нарядили так барышню-то?

– А для того, что я так хочу. Ты, дура, не знаешь ничего, так и молчи. Нсмпожко широка... сошьем новенькую, поуже, к празднику... так и ходи. Ты у меня будешь амазонка, в амазонском платье.

– Вы говорили, дедушка, что в амазонском платье верхом ездят... Помните, проехали верхом какие-то дамы?.. Вы будете меня учить верхом ездить?

– Верхом!.. Видишь ты какая!.. погоди... вот, подрастешь, лет через десяток... а теперь и так хорошо... и под окошко сядешь... не простудишься... а то грудь и шея открытые... не годится...

Распорядившись таким образом, старик успокоился, рад выдумке. Сядет подле окна, посадит подле себя внучку и насмехается в душе над проходящею молодежью.

– Да, смотрите, смотрите!.. Каков у меня внучек? Хорош мальчик? а?.. Что ж не смотрите? Это, верно, не девочка? Такой же небось юбошник, как вы?.. Да! как же, так и есть!.. Нет! милости просим мимо двора щей хлебать!..

III

Заколдованная дедушкой от всех глаз, которые ищут предметов любви, долго Сашенька была еще беспечным ребенком, которого занимали сказки няни, птички, цветы и даже порхающая бабочка в садике. Но вдруг что-то стало грустно ей на сердце, чего-то ей как будто недостает, время от утра до вечера что-то тянется слишком долго: сидеть с дедушкой скучно, рассказы няни надоели, все бы сидела одна у окошечка да смотрела на улицу – нет ли там чего-нибудь повеселее?

– Нянюшка, отчего это мне все скучно? – говорит она няне.

– Отчего же тебе скучно, барышня? – отвечает ей няня.

– Сама не знаю.

– Оттого, верно, тебе скучно, что подружки нет у тебя.

– Подружки? – проговорила Сашенька призадумавшись. – Где ж взять ее, няня?

– А где ж взять? Откуда накличешь?

33

"Накликать", – подумала Сашенька, когда няня вышла, и она стала накликать заунывным голосом под напев сказки про Аленушку:

Подруженька, голубушка,
Душа моя, поди ко мне;
Тоска печаль томят меня.

Вдруг показалось ей, что голос ее как будто отзывается где-то. Она прислушалась: точно, кто-то напевает в соседском дому.

Сашенька приотворила боковое окно, взглянула, вспыхнула, сердце так и заколотило.

– Ах, какая хорошенькая! – проговорила сама себе Сашенька. – Вот бы мне подружка!

И долго-долго смотрела она стыдливо сквозь приотворенное окно на Порфирия, который также разгорелся, устремив на нее взоры, и думал: "Ах, какой славный мальчик! вот бы нам вместе играть!"

"Я поклонюсь ей", – подумала Сашенька. Но вошла няня, и, как будто боясь открыть ей свою находку подружки, захлопнула окно.

На дворе стало смеркаться, а няня сидит себе да вяжет чулок. Так и вечер прошел. Легли спать; а Сашеньке не спится, ждет не дождется утра.

Настало утро. Надо умыться, Богу помолиться, идти к дедушке поздороваться, пить с ним чай, слушать его рассказы, а на душе тоска смертная.

– Не хочется, дедушка, чаю.

– Куда же ты? Сиди.

Ах, горе какое! – Сашенька с места, а дедушка опять:

– Куда ж ты?

– Сейчас приду, дедушка.

Сашенька наверх, в свою комнату, а там няня вяжет чулок.

Так и прошло время до обеда; а тут обед. А дедушка кушает медленно, а после обеда, покуда заснет – сиди, не ходи.

Господи! Что это за мука!

Но вот дедушка уснул. Няня вышла посидеть со старым Борисом, за ворота. Сашенька одна; приотворила тихонько окно, тихонько запела: "Подруженька, голубушка", но никто не отзовется, в соседском доме окно закрыто.

Ах, какое горе!

Прошел еще день. Сидит грустная Сашенька подле няни, призадумавшись. Вдруг послышался напев ее песни, сердце так и екнуло.

– Ну, уж хорошо как-то там курныкает, нечего сказать! – проговорила няня.

– Нянюшка, пить хочется.

– Ну что ж, испей, сударыня.

– Мне не хочется квасу, мне хочется воды.

– Э-эх, ведь вниз идти надо!

– Пожалуйста!

– Ну, ну, ладно.

Няня вышла – а Сашенька к окну. Приотворила – глядь, ей поклонились.

– Здравствуйте! – сказал Порфирий.

– Здравствуйте! – произнесла и Сашенька.

Они посмотрели друг на друга умильно и не знали, что еще сказать друг другу.

– Приходите к нам, – сказал, наконец, Порфирий.

– Нет, вы приходите к нам; меня не пускают из дому, – отвечала тихо Сашенька.

– Экие какие!

Этим разговор и кончился; послышались шаги няни, Сашенька захлопнула окно.

На следующий день Порфирий целое утро курныкал песенку под окном. Сашенька все слышала, с болью сжималось у ней сердце от нетерпения, покуда дрожащая рука ее не отворила снова окна с боязнью.

– Здравствуйте!

– Здравствуйте!

– Послушайте... выходите в садик!

– В садик? Ну, хорошо.

– Поскорей.

– Ну, хорошо.

Порфирий притворил окно. Сашенька также и побежала в садик.

– Здравствуйте, сударыня-барышня, – сказал ей Борис, беседовавший с няней на крыльце.

– Здравствуй, Борис, – отвечала ему Сашенька.

– Куда вы, барышня? – спросила ее няня.

– В садик.

– Посмотрите-ка, сударыня-барышня, какую я вам дерновую скамеечку сделал под липой-то, извольте-ка посмотреть.

И Борис потащился следом за Сашенькой.

Ах, какая досада!

– Вот, видите ли, барышня... Извольте-ка присесть.

– Спасибо тебе.

– Кому ж и угождать мне, как не вам, барышня: вы у нас такое нещечко... Дай вам Господи доброго здравия да женишка хорошенького.

– Ах, полно, Борис, – проговорила Сашенька, покраснев, – ступай себе.

– Ничего, сударыня-барышня, что тут стыднова...

В соседском садике послышалось курныканье Порфирия.

"Ах, какой этот несносный Борис", – подумала Сашенька.

– Ничего, сударыня-барышня... да и красавицы-то такой не сыщем... и дедушка-то не нарадуется на вас. Скупенек немножко, Бог с ним. Вас бы не так надо было водить... в золоте бы водить, барышня, да не все дома держать... чтоб женишки...

– Ступай, Борис, оставь меня.

– Экие вы какие! Я ведь к слову сказал... Вот, сударыня-барышня, попросите-ка у дедушки на сапоги мне... Извольте посмотреть, совсем развалились.

– Хорошо, хорошо, я попрошу.

– Извольте посмотреть: пальцы вылезли.

– Хорошо, хорошо, ступай.

– Да, вот оно: у солдата купил, три рубля заплатил... солдатские-то, говорят, крепче...

Сашенька от нетерпения и досады вскочила с дерновой скамьи и пошла прочь от Бориса.

– Что ж вы, барышня, не изволите сидеть? Дерн-то какой славный.

И Борис начал поглаживать скамью и обирать с дерна желтую и завядшую травку.

Между тем Сашенька прошла подле забора.

– Здравствуйте, – раздалось в скважинку за кустами малины.

– Здравствуйте, – тихо проговорила и Сашенька, остановясь и оглядываясь, не смотрит ли на нее Борис.

– Как я вас люблю, – сказал Порфирий.

– Ах, как и я вас люблю... Если бы мы были всегда вместе!

– Барышня, а барышня, где вы, сударыня? Чай кушать зовут, – крикнул Борис.

– О, Боже мой, какая скука, – проговорила Сашенька.

– Приходите после, – шепнул Порфирий.

– После? Хорошо.

И Сашенька побежала домой.

После чаю она двинулась было с места, но дедушка усадил ее подле себя перебирать старые письма.

– О, Господи, когда ж после? – проговорила Сашенька про себя, почти сквозь слезы.

Старик ужинал рано; хотелось ему спать или не хотелось, но он ложился в постель в определенное время. А тут, как нарочно, сидит себе да раздобарывает[21] с внучкой и с ее няней, потешается, что у них глаза липнут. Рассказывает себе про житье-бытье своего дедушки, какой у него был полный дом, какой сад, какое именье, какое богатство, великолепие и этикет. Призванный Борис, как живая выноска примечаний к рассказу, стоял у дверей, заложив руки назад, и по вызову барина подтверждал его рассказ.

– Помнишь, Борис? а?

– Как же, сударь, не помнить...

– А гулянье-то было по озеру, с роговой музыкой, в именины покойной бабушки Лизаветы Кирилловны... Вот, надо рассказать...

– Никак нет-с, батюшка: это было не в именины, а как раз в день рождения ее превосходительства... Как раз, сударь, в день рожденья.

– Как в день рожденья?.. Постой-ка, врешь!

– Да как же, батюшка, именины-то ее превосходительства,

---

[21] растабарывает, болтает

покойной Лизаветы Кирилловны, дай Бог ей Царство Небесное, когда были? В октябре, сударь?

– Да, да, да!.. Экая память!..

– Дедушка, мне спать хочется, – проговорила Сашенька, зевая и привстав с места.

– Спать? А отчего ж мне не хочется? а?

– Не знаю, дедушка.

– То-то, не знаю, а я знаю. Это потому, что дедушка любит внучку и ему приятно провести с ней время.

– Да что ж, сударь, пора ночь делить, – проговорила и старая няня, зевая.

– Ты дура, ты все потакаешь ребенку! Пошли! спите! Дедушка рассердился. Сашенька и няня, потупив глаза, молчали и ни с места.

И дедушка молчит, сурово нахмурился. И это гневное молчание тянулось обыкновенно до тех пор, покуда не вытянет душу.

Сашенька прослезилась, но утерла слезку: дедушка не любит слез.

– Ну, ступайте спать, – сказал наконец дедушка смягченным голосом, довольный, что дал урок в терпении.

Сашенька простилась с ним, побежала наверх, бросилась в постелю и залилась слезами. В первый раз почувствовала она тяготу на сердце, в первый раз воля дедушки показалась ей невыносимой. Ей так и хотелось броситься в окно, чтоб хоть умереть на свободе.

Няня, уговаривая Сашеньку, что грех так огорчаться, раздела ее и легла спать. Но у бедной девушки не сон в голове: душа взволнована, сердце бьется, в комнате душно; так бы и дохнула свежим воздухом.

– Когда же после? – повторяла Сашенька. – Когда мне было после прийти?.. Ах, как голова болит!.. Пойду в сад...

И она обулась, надела капотик, прислушалась, спит ли няня, осторожно отворила дверь и вышла. Сени запирались задвижкой. Из сеней два шага до садика. Ночь светлая, прекрасная. Только что она подошла к липе, под которой старый Борис устроил ей дерновую скамью, вдруг что-то зашевелилось.

Сашенька затрепетала от страха.

– Это вы? – тихо проговорил Порфирий, бросаясь к ней из-за куста и схватив ее за руку.

Сашенька долго не могла перевести духу.

– Чего ж вы испугались?

– Так, что-то страшно, – проговорила Сашенька.

– Страшно? Отчего?

– Так.

– А я ждал-ждал, ждал-ждал.

Держа друг друга за руку, они присели на дерновую скамью и долго молча всматривались друг в друга с каким-то радостным чувством.

– Ах, как хорошо мне с вами! – сказал Порфирий.

– Ах, и мне как хорошо! – произнесла Сашенька, приклонясь на плече Порфирия.

Высвободив руку из бабушкина салопа, который был на нем, он

обнял Сашеньку, приложил свою щеку к ее горячему лицу и поцеловал ее.

— Ах, если б всякий день нам быть вместе!

— Дедушка меня никуда не пускает, — сказала Сашенька, вздохнув.

— Экой какой! И меня бабушка никуда без себя не пускает.

— Экая какая!

— Да, ей-Богу, это скучно!.. Вот с вами как бы мне весело было.

— И мне, — произнесла тихо Сашенька.

И они обнялись.

— Как вас зовут?

— Сашенькой. А вас?

— Меня зовут Порфирием.

— Как же это так? Такой святой нет у дедушки в календаре, — сказала Сашенька, которая и по дедушкину календарю, и по напоминанью няни знала наизусть всех святых и все праздники.

— Как нет? — отвечал Порфирий. — Нет есть; у бабушки в святцах есть. Мои именины 26 февраля, в день святого отца Порфирия архиепископа. И дедушка у меня был Порфирий.

— Мужское имя!

— А какое же? Что, я девушка, что ли? Я не девушка.

— Ах, Боже мой! — вскрикнула с невольным чувством испуга Сашенька, отклонясь вдруг от плеча Порфирия.

— Что такое? Чего вы испугались? — спросил Порфирий, осматриваясь кругом. — Какие вы боязливые... Не бойтесь!

— Пустите, — проговорила Сашенька.

— Куда, Сашенька? Нет, не уходи, пожалуйста!

— Пустите, пустите! — проговорила Сашенька, и, вырвавшись из рук Порфирия, она быстро побежала вон из саду.

— Сашенька! дружок! послушай! — крикнул вслед ей Порфирий.

Но Сашенька уже дома, испуганная, взволнованная.

IV

На другой день няня, удивляясь, что барышня заспалась, вошла в ее комнату. Сашенька, вместо спокойного сна, лежала в какой-то болезненной забывчивости, лицо ее горит, дыхание тяжко.

Няня перепугалась; не горячка ли, подумала она. Но Сашенька очнулась, и пылкий жар лица заменила вдруг бледность, живой взор стал томен, и все она как будто чего-то ищет и не находит. Когда в мезонине соседнего дома раздается напев ее песни, Сашеньку бросит в огонь; как испуганная, она вскочит с места и не знает, куда ей идти.

Так прошло несколько времени. А между тем старушка, бабушка Порфирия, отдала Богу душу. Она водила его с собою только в храм Божий да к своим старым знакомым обвязанного, окутанного. Теперь он свободен, хозяин дома, а располагать собою не умеет, его понятия обо всем — еще детские понятия.

Привычка к безусловной покорности бабушке передала его в распоряжение дядьке Семену и бабушкиной ключнице Дарье. Старая Дарья видела в нем еще ребенка и хотела водить его как ребенка, по обычаю бабушки; но Семен твердил ему по-свойски:

– Что вы. сударь, бабитесь, стыдно! И то бабушка-то вас продержала в пеленках, покуда все невесты ваши замуж повышли!

Слова Семена быстро подействовали на молодого человека, и он приосанился, как будто вдруг подрос. С потерею детских чувств исчезло в нем и страстное желание познакомиться с хорошеньким соседом. Он перестал напевать заунывную песенку Сашеньки.

По завещанию бабушки ему следовало навестить одного из дальних родственников, который обещался определить его на службу. Вот Порфирий и собрался к нему. Семен, сходив за извозчиком, начал одевать своего молоденького барина и, по обычаю, разговаривать сам с собою:

– Эка, ей-Богу, кажется, живые люди, а похлопотать о похоронах некому.

– О каких похоронах? – спросил Порфирий.

– Да вот, в соседском доме старик-то умер, а кругом-то его кто? Молоденькая барышня-внучка, да дура старая баба, да старый хрен слуга; туда же в гроб глядит.

– Где это, где? В каком соседском доме?

– Да вот рядом, через забор. Что за внучка-то, что за девочка, ах ты, Господи!

– Тут рядом? с мезонином-то? Какая же внучка? У этого старика молоденький внук.

– Вот! Я своими глазами видел барышню. Что это за раскрасавица такая!.. Плачет!..

– Семен, пойдем посмотрим, – прервал Порфирий, – сделай милость, пойдем!

– Да пойдемте, пойдем, отчего ж не сходить. Оно, по соседству, следовало бы и помочь в чем-нибудь. Барышня-то молодая, а кругом-то ее что?

Порфирий схватил шляпу и побежал. Семен за ним, на соседний двор.

Сквозь толпу гробовщиков, стоявших в передней, трудно уже было пробраться. Ни в одном роде торговли нет такого соперничества и перебою. Старый Борис, отирая слезу, бранился с ними.

– Что, брат, что просят? – спросил его Семен.

– Пятьсот рублей за гроб! Мошенники!

– Не за гроб сударь, а за покрышку, дроги и мало ли что.

– Ты молчи, воронье чутье! Барин только что заболел, а уж эта рыжая борода приходил сюда рекомендоваться! И имя узнал! Прошу, говорит, Борис Гаврилыч, не оставить своими милостями: барин умрет, так уж мы, говорит, поставим знатный гроб и покрышку, и все что следует... Ах ты, чертова пасть! Пошел вон!

Между тем как Семен помог старому Борису уладить торг насчет длинного ящика, Порфирий вошел в комнату, где лежал покойник.

Он не обратил внимания ни на покойника, ни на толпу любопытных, вымерявших глазами длину умершего; все внимание его вдруг поглотилось наружностию девушки в черном платье, которая стояла подле стола, приклонясь на плечо старой женщины. Слезы катились из ее глаз.

Сердце Порфирия забилось как будто от испуга. Он не верил глазам своим: лицо так знакомо, это Сашенька... Нет, это, верно, его сестра... Она нежнее, белее его, у ней чернее глазки, думал он. И взор его оцепенел на ней.

– Барышне-то дурно, водицы надо... постой, я принесу, – сказал какой-то неизвестный человек с растрепанными волосами, в стареньком сертучишке, пробираясь в другую комнату.

– Куда! – крикнула няня. – О Господи, и присмотреть-то некому!.. Постойте, барышня...

И она бросилась за заботливым незнакомцем.

Сашенька пошатнулась от порыва няни. Порфирий успел ее поддержать. Она взглянула на него, и все чувства ее как будто замерли, голова приклонилась к плечу молодого человека.

– Не троньте! Извольте идти отсюда! А не то закричу! – раздался голос няни из другой комнаты.

– Что ж... я ничего... я прислужиться хотел – водицы подать... – говорил, пошатываясь, неизвестный, выходя из дверей.

– Вишь, нашел водицу на гвозде! Пошли-те вон отсюда!

– Что ж... пойду... Я вашему же покойнику поклониться хотел... последний долг отдать...

– Да, да, знаем мы вас! – продолжала няня. – Спасибо, батюшка, что поддержал барышню мою, – сказала она Порфирию.

– Позвольте мне принять участие в вашем горе и помочь вам распорядиться, – сказал Порфирий Сашеньке, когда она очнулась и стыдливо отклонилась от него к няне.

– А вы кто такой, батюшка? – спросила няня.

– Я сосед ваш. Если угодно, я и мой человек к вашим услугам... Вы можете положиться.

– Да вот бы надо было послать кого-нибудь на кладбище, заказать могилу.

– Я сам съезжу, – вызвался Порфирий и, поручив Семена в распоряжение Сашеньки, отправился на кладбище. Приехав на ниву Божью, он долго ходил между могил, не встречая никого, покуда не увидел выходящего из ворот дома старика священника.

– Где мне, батюшка, отыскать тут могильщиков? – спросил его Порфирий.

– Что вам, могилку, что ли? – сказал священник.

– Да, батюшка, не знаю, к кому обратиться.

– Могилку? хорошо, хорошо, доброе дело, мы очень рады, пойдемте... Чай, выберете место, а то у нас и готовые есть.

– Это все равно, я думаю.

– Все равно: здесь славные места, славные места! Сухие, грунт песчаный... Эй! Ферапонт!.. Где ты?

– Здесь, – отозвался могильщик из глубины могилы, которую он рыл.

– Что, это заказная или так, на случай? – спросил священник.

– Заказная.

– Так вот и господину-то выройте могилку.

– Ладно. Младенцу, верно?

– Нет, старику, – отвечал Порфирий.

– Так бы уж и говорили. Ладно.

Заказав могилку, Порфирий отправился назад. Истомленная бессонными ночами во время болезни дедушки, Сашенька заспула. Но за нее было уже кому хлопотать. Порфирий обо всем озаботился и, провожая покойника, шел рядом с его внучкой. Когда опустили гроб в могилу, Сашенька, почти без чувств, упала к нему на руки.

– Это, верно, жених ее, – говорили в толпе народа, собравшегося около могилы, – вот парочка.

И Порфирий и Сашенька это слышали.

Порфирий проводил ее до дому и хотел проститься.

– Куда ж вы? – сказала она ему.

Порфирий вошел в дом.

Сели и молчат, боятся даже смотреть друг на друга.

Посидев немного, Порфирий встал.

– Куда же вы? – повторила Сашенька.

– Вы утомились, вам надо отдохнуть.

– Когда же вы к нам будете?

– Если только позволите... – проговорил несвязно смущенный Порфирий.

На следующий же день он явился к соседке узнать об ее здоровье.

На этот раз она была разговорчивее, Порфирий смелее.

Слово "здравствуйте" напомнило и ему и ей первое сладостное ощущение сердца. Они произнесли его, и оба вспыхнули.

Няне ужасно как понравился скромный молодой человек.

"Вот бы парочек барышне", – думала и она.

– Уж если б вы видели, Порфирий Александрович, как покойник наряжал барышню – смех, да и только! Совсем не по-девичьему! мальчик, да и только.

"Да, не видал!" – подумали в одно время и Порфирий и Сашенька, взглянув друг на друга и невольно улыбнувшись.

– Это амазонское платье я носила, нянюшка, – сказала Сашенька, – ко мне оно лучше шло. В чепчике хуже.

Порфирий вспыхнул. Она заметила это, поняла, что некстати упомянула о чепчике, и, также покраснев, опустила глаза и замолчала.

– Я вас и принял за мужчину, – сказал Порфирий, оставшись наедине с Сашенькой.

– А я думала, что вы девушка.

Порфирий рассказал ей, как бабушка берегла его от простуды и рядила в чепчик, платок.

– Я хоть бы опять надеть чепчик, – прибавил он.

– Ах Боже мой, для чего это?

– Так... вам нравилось.

– Ах, нисколько, так гораздо лучше, – опрометчиво вскрикнула Сашенька.

– Тогда вы мне сказали... – начал было Порфирий с простодушною откровенностию сердца, но вспомнил испуг Сашеньки и замолчал.

Сашенька, казалось, также все припомнила, покраснела и потупила глаза.

Но, верно, в самой природе женщины есть хитрость.

– Что ж я вам сказала? – спросила она, не поднимая взоров.

– Вы сказали... "Если б мы были всегда вместе", – произнес тихо Порфирий.

Сашенька снова вспыхнула и, стыдясь своего смущения, закрыла лицо руками.

V

Первая любовь пуглива, как вольная птичка; много, много проходит времени, покуда она сделается "ручною". Природа ведет себя необыкновенно как умно, стройно и отчетливо. Порфирий был свободен, Сашенька также; за ними ничей глаз не присматривал, ничье ухо их не подслушивало, чувства так и влекли их друг к другу; а между тем самый строгий, ревнивый к благочестию присмотр не упрекнул бы их ни в чем. Казалось бы, им опасно сидеть вместе на дерновой скамье, под липой; сладкое воспоминание первого поцелуя должно бы было взволновать их чувства, давало право на полную откровенность; напротив: тут-то чувства их и становились боязливее. И это продолжалось до тех пор, покуда любовь взросла, созрела на сердце и вдруг в одно утро расцвела, как махровая роза. И в глазах, и в выражении голоса явилась какая-то особенная нежность. Все в них стало ясно друг для друга, они взглянули один на другого и обнялись.

– Помните, я сказал: как я вас люблю! – прошептал Порфирий.

– Помню!

– А вы сказали: ах, как и я вас люблю; если б мы были всегда вместе! Помните?

– Помню, помню!

Казалось бы, это блаженное мгновение надо было продлить, скрыть от всех свое счастье, но Сашенька вскрикнула опять: пустите! И, вырвавшись из объятий Порфирия, побежала вон из комнаты.

– Куда вы? Чего вы испугались? – и Порфирий вообразил, что Сашенька опять так же испугалась чего-то, как в первый раз в садике.

Но Сашенька побежала поделиться своим счастьем с няней.

Порфирий задумался, сердце его сжалось, вдруг слышит голос Сашеньки: "Пойдем, пойдем скорее".

И, притащив няню за руку, она вскричала:

– Смотри, нянюшка!

И бросилась на шею к Порфирию.

– Ах вы, баловники, греховодники! – вскричала няня, всплеснув руками и качая головою.

Вырвавшись снова из объятий Порфирия, Сашенька бросилась на шею к няне и задушила ее поцелуями.

– Ну, ну, ну, пошла от меня, бесстыдница! Пошла к своему любезному на шею! Вот погоди, поп-то вас обвенчает, а посаженный-то отец плетку даст на тебя.

Начались сборы к свадьбе.

Природа очень умно взлелеяла любовь в юноше и в девушке, решила взаимное желание их быть и жить вместе; но не дело природы было решать, где им жить.

Кажется, все равно, где бы им жить, лишь бы жить вместе. Но, верно, не все равно: покуда длились сборы к свадьбе, между женихом и невестой зашел спор: в котором доме им жить? Сашеньке хотелось непременно жить в доме Порфирия, потому что это был дом Порфирия; а Порфирию – в доме Сашеньки, потому что это был дом Сашеньки.

– Я продам свой дом, – сказал Порфирий, – мы будем жить в твоем доме.

– Ах нет, ни за что! – вскричала Сашенька. – Мы будем жить в твоем доме; лучше мой продать.

– Ах нет, ни за что! – сказал в свою очередь Порфирий. – Мне твой лучше нравится.

– А мне твой.

И вышел спор из самого чистого доказательства взаимной нежности. Ни Сашенька, ни Порфирий не хотят уступить один другому в том чувстве.

– Тебе хочется все по-своему делать, – проговорила Сашенька, надувшись, – если ты свой дом продашь, то я продам свой!..

– Посмотрим! – подумал Порфирий, вспыхнув. Его затронул упрек.

Взволнованное сердце Сашеньки скоро улеглось. Она подошла к Порфирию, но он отвернулся от нее.

Новая искра огорчения. Сашенька отошла от Порфирия, села в угол, закрыла лицо руками и задумалась сквозь слезы: он не любит меня!..

– Сашенька, – сказал Порфирий, взглянув на нее. И он бросился к ней.

– Подите прочь от меня! – проговорила Сашенька.

Обиженное чувство снова возмутилось. Порфирий не перенес его, взял шляпу; мысли его были в каком-то тумане. Он пришел домой.

Там, как на беду, его ждал уже покупщик дома. Решившись продать дом, Порфирий поручил это Семену, который и сам то же советовал ему.

– Вот, сударь, извольте получить деньги, – сказал Семен, входя с каким-то мещанином, – я решил дело.

Мещанин отсчитал деньги, положил их на стол перед Порфирием и поднес ему подписать бумагу.

– Да что ж вы, сударь, подписываете, не считая, – сказал Семен.

– Как раз тысяча двести серебром, так-с?

– Так, – отвечал Порфирий, перевертывая ассигнации без внимания.

На другой день поутру тот же покупщик явился в соседний дом к Сашеньке.

– Я, сударыня, – сказал он ей, – купил у вашего соседа дом, да место маленько. Не продадите ли и вы свой? А я бы хорошие дал бы деньги.

– Он продал дом свой! – вскричала Сашенька.

– Что ж, он хорошо сделал, барышня, – сказала няня. – Он и мне говорил, и я советовала ему продать. А нам-то уж продавать не к чему: насиженное гнездо, и вы привыкли, и я. Дал бы Бог и умереть в нем...

– Он продал, – повторила Сашенька.

– Продал мне, сударыня. Дрянной домишко; признательно сказать, пообмишулился я, дал четыре тысячи двести, а теперь не знаю, что и делать. Продайте, сударыня! За ваш дом пять тысяч.

– Да, видишь, какой! пять тысяч! Барышня, а барышня, пожалуйте-ка сюда, – сказала няня торопливо, вызывая Сашеньку в другую комнату, – продавайте, барышня!

– Да, я продам, непременно продам! – проговорила Сашенька с обиженным чувством.

– Продавайте! Дедушка-то заплатил всего две тысячи за него, за новый!.. Пять тысяч дает! Да уж вы не мешайтесь, оставайтесь здесь: шесть возьму!..

– Продавай! Я не хочу в нем жить, – проговорила со слезами на глазах Сашенька.

– Пять тысяч капитал, а мы квартерку найдем рубликов за двести, так без хлопот будет.

И няня вышла к покупщику.

– Пять тысяч не деньги, любезный, – сказала она ему, – барышня и не подумает отдать за эту цену... Шесть, если хочешь.

– Как можно! Да уже так, дом-то мне понадобился: двести набавлю.

– И не говори!

– Пять тысяч пятьсот угодно? А нет, так просим прощенья, – сказал мещанин, обращаясь к двери.

– Ну, погоди, спрошу барышню.

Дело уже было решено, дом продан, задаток взят, пришел Порфирий.

– Здравствуйте, – проговорил он тихо, как виноватый, подходя к Сашеньке.

– Здравствуйте, – отвечала она ему, не поднимая глаз.

– Ты на меня сердишься, Сашенька, – сказал Порфирий после долгого молчания.

– Сержусь, – отвечала Сашенька.

– За что ж?

– Я вас просила, вы не послушались, вы продали свой дом.

– Он очень стар: на него на починку надо было издержать, Семен говорит, тысячу рублей... – начал Порфирий в оправдание себя. – Я и нянюшке говорил, и она советовала мне продать, а жить в вашем...

– А я по совету нянюшки продала свой, – сказала Сашенька.

– Продали!

– Продала.

– Ну, если так... – проговорил Порфирий.

– Куда вы?

– Мне надо идти нанимать квартиру, – отвечал он и бросился вон.

– Порфирий! – хотела вскрикнуть Сашенька, но голос ее замер.

VI

Покупщик двух домов распорядился умнее Порфирия и Сашеньки: соединил оба дома пристройкой, подвел под одну крышу, и вот, не прошло месяца, из двух старых домиков вышел один новый, превеселенький дом: обшит тесом, выкрашен серенькой краской, ставни зеленые, на воротах: "дом мещанки такой-то", "свободен от постоя" и в дополнение: "продается и внаймы отдается".

Один бедный чиновник, но у которого была богатая молодая жена, тотчас же купил его на имя жены и переехал в него жить. Но в доме нет житья.

Покуда домики были врозь, все было в них, по обычаю, мирно и тихо и на чердаке, и на потолке, и за печками, и в подполье; ни стены не трещали, ни мебель не лопалась, ни мыши не возились. Но едва домики соединились в один, только что чиновник с чиновницей переехали и, налюбовавшись на свое новоселье, легли опочивать, рассуждая друг с другом, что необыкновенно как дешево, за двадцать-за-пять тысяч купили новый дом, с иголочки, вдруг слышат в самую полночь: поднялись грохот, треск, стук, страшная возня в земле, по потолку точно громовые- тучи ходят, то в одну сторону дома, то в другую.

Молодые с испугу перебудили людей.

– Э-эх, почивали бы лучше в полночь-то, так и не слыхали бы ничего, – сказала кухарка, которая всегда крепко спала в законный час, а во время дня только дремала.

Но старик дворник, выслушав рассказ господ, качнул головой и решил, что дело худо: верно, домовому не понравились жильцы!

– Ах ты старая баба! – сказала кухарка.

– Я ни за что не останусь здесь жить! – вскричала перепуганная молодая хозяйка. – Ни за что!

И на другой же день муж ее выставил на воротах: "отдается внаем" – и тотчас же по требованию жены должен был нанять квартиру и переехать.

Вскоре один барин, проезжая мимо, остановился, прочел:

"продается и внаймы отдается, о цене спросить у дворника", осмотрел дом и решил нанять.

— Так ты сходи же к хозяину, узнай о последней цене, — сказал он, давая дворнику на водку. — Ввечеру я заеду.

— Слушаю, слушаю, — отвечал дворник.

Ввечеру он опять приехал.

Это был Павел Воинович.

— Ну что?

— Да что, — отвечал дворник, который успел уже клюкнуть на данные ему деньги и не мог ничего таить на душе. — Я вот что вам доложу, дом славный, нечего сказать... славный дом...

— Да что?

— А вот что: кто трусливого десятка, тому не приходится здесь жить.

— Отчего?

— Отчего? а вот отчего: я по совести скажу... тут водятся домовые.

— Э?

— Право, ей-Богу! по ночам покою нет.

— А днем? — спросил Павел Воинович.

— Днем что: днем ничего, только по ночам.

— Так это и прекрасно, — сказал барин, — я не сплю по ночам, я сплю днем, так ни я домовых, ни домовые не будут меня беспокоить.

— Э? разве? Да оно и правда, что у господ-то все так... Ну, если так, так что ж, с Богом... другой похулки на дом нельзя дать... хоть у самого хозяина спросите, он сам то же скажет.

Таким образом, несмотря на предостережение дворника, барин нанял дом, переехал. На первый же день новоселья пригласил он пять-шесть человек добрых приятелей к обеду и в ожидании гостей, похаживая себе с трубкой в руках и в халате и в туфлях, посматривал, так ли накрывают люди на стол, полон ли погребок, во льду ли шампанское, греется ли лафит, все ли в порядке. Гости-приятели съехались. Обед на славу, вино, как слеза.

Присутствовавший тут же поэт, подняв бокал, возгласил:

> Я люблю вечерний пир,
> Где веселье председатель,
> А свобода, мой кумир,
> За столом законодатель,
> Где до утра слово пей!
> Заглушает крики песен,
> Где просторен круг гостей,
> А кружок бутылок тесен.

— Ну, извини, любезный друг, до утра у меня пить нельзя, — сказал хозяин, — невозможно!

— Это отчего? Это почему?

— А вот почему: этот дом я нанял у самого дедушки домового с условием, чтобы ночь я проводил где угодно, только не дома.

46

А так как скоро полночь, то я отправляюсь в английский клуб. Вы видите, господа, что причина законная. Извините.

Пушкин захохотал, по обычаю, а за ним захохотали и все. Но хозяин сказал серьезно, что он не шутя это говорит, и в доказательство крикнул: "Эй! одеваться скорее!"

На этот барский крик никто не отозвался: оказалось, что и в передней, и в людской – ни души. Люди, уверенные, что господа занялись делом, пошли справлять новоселье.

– Ну, нечего делать, оденусь сам, – сказал Павел Воинович, – но на кого же оставить дом?

– А домовой-то, – крикнул Пушкин. –

Эй, дедушко! ты не засни!

По-своему распорядися с вором,

Ходи вокруг двора дозором

И все, как следует, храни!

– Ха, ха, ха, ха!

– Ага! – раздалось с обеих сторон дома.

– Слышишь? отозвался, – сказал поэт, – теперь можно отправляться спокойно. Слышали, господа?

– Слышали, слышали!

– Если слышали, так можно отправляться, – сказал хозяин.

И все отправились.

Только что господа со двора, а люди на двор пришли, смиренно присели в передней, как будто нигде не бывали, моргают глазами, думают, господа забавляются себе.

– Чай, до утра просидят? а?

– Фу, как спать хочется!..

– Ну, здоров пить!..

– Вот это что, так ли пьют... да я...

– Те! черт ты! ревет!

– Что, ничего.

Только что эту беседу в передней заменило всхрапыванье и свист носом, вдруг в комнатах поднялись стук, треск, возня.

– Вася! слышишь?

– А?

– Что это, брат, господа-то передрались, что ли? а?

– Что?

– Господа-то... слышишь, как возятся?..

– А Бог с ними!

– Ну, и то.

И Вася и Петр задремали.

А между тем в дому как будто ломка идет.

Верь не верь, а вот произошла какая история. Мы уже сказали, что в обоих старых домиках было по домовому. Они преспокойно жили себе за печками и, видя, что все в порядке, хозяева благочестивы, лежали себе, перевертываясь с боку на бок. Когда Порфирий и Сашенька продали домики, пристройка и соединение их под одну крышу потревожили домовых, но они еще довольны были, воображая, что идет починка накатов и крыши. Только что постройка кончилась и чиновник, купив новенький дом с иголочки, переехал на новоселье, домовой Сашенькина домика, с левой стороны, приподнялся в полночь осмотреть, по-прежнему ли все в порядке.

"Хм, чем-то пахнет", – подумал он, выходя в пристроенную между домиками залу.

Домовой с правой стороны точно таким же образом отправился по дому дозором.

"Э-э-э! вот тебе раз! – подумал он, прислушиваясь. – Это что?.."

Только что он вышел в залу, вдруг что-то стукнуло его в лоб.

– Кто тут? – гукнул он.

– Кто тут? – отозвалось над его ухом.

– А?

– А?

– Кто тут?

– Хозяин.

– А-а-а! как хозяин? Я хозяин.

– Нет, я хозяин.

– Как – ты хозяин?

– Так, я хозяин.

– Нет, я хозяин! Вон!

– Вон? Сам вон!

Слово за слово, схватились, подняли такую возню, такой стук, грохот, что никак невозможно было чиновнику, и особенно жене его, не испугаться до смерти и не выбраться поскорей из дому.

VII

Каждую ночь домовые поднимали возню и драку на чья возьмет; но ничья не брала. То же было и в первую ночь, когда барин, нанявший дом, отправился со своими гостями в клуб.

Стало уже рассветать, когда он возвратился домой; но что-то не весел, ему нездоровилось. Ночь не спал, и день не спится. Послал за Федором Даниловичем.

– Что?

– Нездоровится.

– Э? понимаю.

И Федор Данилович прописал что-то успокоительное.

– Это порошки?

– Порошки; принимать через час.

– Очень кстати! Я бы теперь принял лучше деньги.

– Это, конечно, лучше, – сказал Федор Данилович, отправляясь к другим пациентам.

Барин протосковал вечер; настала ночь, и он, исполняя условия с домовым, лег спать и против обыкновения заснул.

На правой половине дома, где был дом старушки, бабушки

Порфирия, барин устроил свой кабинет, а вместе и спальню. Тут же за печкой жил и домовой. Только что настала полночь, он встрепенулся, как петух со сна, и собрался с новым ожесточением на бой с соперником. Вдруг слышит, кто-то всхрапнул.

– Это кто?

И домовой подкрался к спящему, приложил ухо к голове.

– Ух, какая горячая голова! – проговорил он, отступив от постели.

– Идет! – крикнул барин во сне, так что домовой вздрогнул и на цыпочках выбрался вон из комнаты.

– А? ты еще здесь? – гукнул домовой с левой половины, столкнувшись с ним в дверях.

– А ты еще не выбрался вон? – сказал, стукнув зубами, домовой с правой половины, вцепясь в соперника.

Пошла пыль столбом. Возили, возили друг друга – уморились.

– Слушай: ступай вон добром!

– Ступай вон, как хочешь, добром или не добром, мне все равно.

– Слушай: домов много.

– Много, выбирай себе.

– Ты выбирай, я постарше тебя.

– Это откуда... я и сам счет потерял годам.

– Не считай по годам, а мерь по бородам.

– У меня обгорела в 12-м году.

– Слушай, пойдем на-мир.

– На-мир так на-мир. Давай мне дом с богатым убранством, со всеми угодьями, дом теплый, сухой, да чтоб в доме ни одной человеческой души не жило, чтоб дом был про меня одного, про дедушку-домового: я знать никого не хочу! Чтоб дом был игрушечка, а не дом.

– Видишь! Смотри, какой дом придумал: про тебя одного. А кто такой дом будет про тебя строить?

– Не мое дело.

– Молоденек надувать.

– Ну, как знаешь.

– Постой, подумаю.

– Подумай.

– Подумаю, – повторил сам себе домовой с правой стороны, – подумаю, нет ли такой хитрости на свете.

Воротился за печку и стал думать; не лежится; вылез, ходит по комнате да твердит вслух: "Хм! игрушечка, а не дом! игрушечка, а не дом!"

– Что? – проговорил барин во сне.

– Построить дом, чтоб был игрушечка, а не дом! – отвечал дедушка-домовой, занятый своей мыслью и продолжая ходить из угла в угол.

– Игрушечка, а не дом, – затвердил и барин во сне, – игрушечка, а не дом!

Ночь прошла, домовой ничего не выдумал, а барин встал с

постели, закурил трубку, велел подавать чай и начал ходить, как домовой, задумавшись и повторяя время от времени:

– Игрушечка, а не дом!.. Что за глупая мысль пришла мне в голову, ничем не выживешь – построить в самом деле игрушечку, а не дом?.. А что ты думаешь? Построю!

Продолжая ходить по комнате, курить трубку за трубкой и рассуждать сам с собою о постройке не простого дома, а игрушечки, барин выведен был из этой думы докладом человека, что пришли из магазинов за деньгами.

– Ах, канальи! я им велел вчера приходить! – крикнул барин. – Мошенники! просто ждать не будут!.. надо им еще что-нибудь заказывать... Кто там?

– Да там фортепьянный мастер, мебельщик, из хрустального магазина, да и еще из каких-то магазинов.

– Позови фортепьянного мастера.

Немец вошел.

– За деньгами?

Немец поклонился.

– Отчего ты вчера не пришел? а? – прикрикнул барин.

– Все равно, – отвечал немец.

– Нет, не все равно! вчера был день, а сегодня другой... Ну, слушай, вот еще что мне нужно: можно сделать вот такой маленький рояль, в седьмую долю против настоящего?

– Хм! игрушка? я игрушка не делаю, – отвечал немец.

– Нет, не игрушка, а настоящее фортепьяно, в эту меру.

– Это что ж такое?

– А у меня есть такой маленький виртуоз, карлик, – ему играть... Можно?

– Хм! можна, отчево не можна, все можна за деньги делать.

– Так, пожалуйста, сделай... В седьмую долю...

– В седьмая доля? Хорошо. Только эта будет стоить то же, что настоящая рояль.

– О цене я ни слова, – сказал барин, – только сделай, а потом мы и сочтемся.

– Хм, – произнес, углубившись сам в себя, немец, которого заняла уже тщеславная мысль сделать крошечный рояль на славу. – Das ist ein kurioses Werk![22] – сказал он, выходя и забыв о деньгах.

Вслед за ним явился мебельный мастер, потом приказчик из хрустального магазина. Одному заказал барин роскошную мебель рококо, в седьмую меру против настоящей, другому в ту же меру – всю посуду, весь сервиз, графины, рюмки, форменные бутылки для всех возможных вин.

Таким образом началась стройка и меблировка игрушечки, а не дома. Знакомый живописец взялся поставить картинную галерею произведений лучших художников. На ножевой фабрике заказаны были приборы, на полотняной – столовое белье, меднику – посуда

---

[22] Ну и забавная же работа! (нем.)

для кухни, – словом, все художники и ремесленники, фабриканты и заводчики получили от барина заказы на снаряжение и обстановку богатого боярского дома в седьмую долю против обычной меры.

Барин не жалел, не щадил денег.

Вот и готов не дом, а игрушка. Стоит чуть ли не дороже настоящего; остается, по обычаю, только застраховать да заложить в Опекунский совет.

Барин и призадумался об этом.

– Странная вещь, – говорил он сам себе, – князь Василий построил же гораздо глупее игрушечку, а не дом, в котором жить нельзя; его приняли в залог, а мой, я уверен, что не примут. А между тем закладывать дом необходимо: в старину закладывали до постройки, а теперь очень умно и расчетливо закладывают после постройки. Нельзя не закладывать!

VIII

Во все время, когда игрушечка, а не дом строился и снаряжался, дедушка-домовой с правой стороны был вне себя от радости и по ночам ходил вокруг него и потирал руки.

"Вот оно, – думал он, – как ухитрился свет-то... Барин этот должен быть колдун: только что я показался, тотчас узнал; только что задумался, как бы ухитриться, а он в угоду мне и выдумал!.."

– Ну, будет дом по твоему вкусу, – говорил дедушка-домовой с правой стороны своему сопернику.

– Посмотрим, – отвечал тот.

– Увидишь, – говорил этот.

– Ну, ладно, покажи.

– Постой, не готов.

– Э, лжешь!

– Верь, право-слово!

– Ну, смотри.

Прошло еще несколько времени до совершенного окончания и отделки домика. Дедушка нетерпеливо похаживает и сам дивится, как люди-то ухитрились.

– Истинно игрушечка, а не дом! Ну, надул же я его!

Наконец дом совершенно готов, дом на семи четвертях, состоит из великолепного салона и столовой – она же и бильярдная. Салон – пол парке[23], обои шелковые, мебель роскошная – люстры, лампы, канделябры, зеркала, картины, рояль, словом, все.

– Ну, пойдем! – сказал домовой с правой стороны домовому с левой и привел его в кабинет. Барина, по обычаю, не было дома. Ночь светлая; месяц отразился в окно на лаковом парке домика, на бронзе, на мебели: светло, как днем.

─────────────────

[23] паркетный.

– Ну, где же?

– А вот, полезай за мной.

– Да это стол.

– Полезай!.. Ну, видишь? Что?

– Постой, борода зацепила... А-а-а-а! – проговорил с удивлением домовой с левой стороны, входя в резные золоченые двери салона.

– Что? а?

– Да! ах какая бесподобная вещь! что твоя печурка!

И домовой присел на кресла, потом на диванчик, потом прилег на подушку, шитую синелью по буфмуслину.

– Ну, спасибо. А это что? гусли?.. а? славная вещь!.. вот будет мне житье... роскошь! Не то что за печкой...

"В самом деле роскошь... – подумал дедушка с правой стороны. – Жаль и уступить... право жаль!.."

– Бесподобно! ай спасибо! – продолжал дедушка с левой стороны, растянувшись на диване. – Так уж ты владей всем домом, живи за которой хочешь печкой, а я уж здесь и расположусь...

– Э, нет, погоди еще: ты видишь, что в доме еще и печей нет.

– В самом деле, печей нет, как же это забыли печи выложить?

– Без печей нельзя... зима настанет, замерзнешь.

– Нельзя, нельзя; да скоро ли их сложат?

Уверив соперника, что к зиме сложат непременно, хитрый домовой спровадил его, а сам залег на диванчик и начал потягиваться и расправлять кости.

– Нет, приятель, извини: не видать тебе, как ушей, этого домика, я сам в нем буду жить... Как же это я прежде об этом не подумал? Какое спокойствие, удобства какие!.. Все как по мне делано... и зеркала какие... и все... фу, как люди-то ухитрились... Это что в засмоленных бутылках, постой-ка?..

И домовой отыскал между посудой и приборами штопор в меру, раскупорил бутылку, шампанского.

– Мед!.., мед-то какой! Фу, как люди-то ухитрились!..

Буль-буль-буль... выпил всю бутылку и заморгал глазами, прилег на диван и заснул.

А между тем и барин, построив не дом, а игрушечку, тотчас же, по современному обычаю строителей, заложил его. Поутру пришли за ним и понесли на носилках к заимодавцу.

В полночь очнулся домовой. Что за стук такой? что за гам? что за свет колет глаза? Взглянул – и ужаснулся.

Народу тьма, музыка гудит; какие-то пестрые шуты и шутихи шаркают, ходят, кривляются, кричат, бормочут что-то не по-русски – страшный содом! От яркого света потемнело в глазах у домового, запрятал голову в подушку, свернулся клубком, лежит – чуть дышит.

Так прошло несколько дней. Измучился: ни дня, ни ночи покою. И днем свет, и ночью свет. Но, наконец, выдалась одна темная ночка; прислушался – крутом все тихо; присмотрелся – никого нет. Вылез из домика, побрел на цыпочках по комнатам... искать печки. Ходил-ходил – нет печки в целом доме.

"О-хо-хо! Куда это я попал!.." – подумал дедушка.

Вдруг почуял он запах печки, откуда-то несет теплом. Глядь – труба.

– Что за чудеса такие? Бывало, трубы проводят наружу, а теперь внутрь.

Влез в трубу, полз-полз, смотрит – печь, преогромная печь посреди сырого подвала.

Что было делать? Погрустил-погрустил, подумал: "Не рыть было другому ямы, сам в нее попадешь", да и прилег, с горем, в печурке привилсгированной амосовской печи.

IX

Между тем, помните, Порфирий, вспылив на Сашеньку, ушел нанимать квартиру, нанял и переехал.

Дня три дулся он и не хотел показываться невесте на глаза. Наконец не выдержал: грустно стало, отправился к ней, подошел к дому и ужаснулся. И его дом и дом Сашеньки стояли уже без крыш, огорожены по улице общим забором.

– Братцы, – спросил он у плотников, пробравшись по наваленному лесу на двор, – не знаете ли, куда переехала из этого дома барышня?

– Барышня? А кто ж ее знает, – отвечал один плотник, потачивая свой топор на камне.

– У кого б узнать?

– А у кого ж узнать? Кто знает? а?

– А кто ж ее знает, разве у соседей спросить, – отвечали прочие.

У Порфирия облилось сердце кровью. Долго ходил около дома, добивался у соседей, куда переехала Сашенька: никто не знает. Пошел вдоль по улице, выспрашивает у ворот каждого дома: не переехала ли сюда такая-то барышня? Нет, не переезжала. Обошел все переулки – ни слуху, ни духу.

В отчаянии Порфирий. День прошел, другой прошел – ищет, а следа нет. Избегал всю Москву; дворники гоняют его из края в край своими догадками.

– Барышня? молоденькая? Так! У нее женщина? Ну так! переезжала, да не понравилась квартира, так она вчера съехала на Разгуляй... как раз против бань.

Порфирий бежит на Разгуляй.

– Барышня? вчера? Переехала.

– Где же она тут живет?

– А вот ступайте за мной.

И угодливый дворник ведет Порфирия в мезонин, постучал в дверь.

– Кто там? – раздался голос.

Порфирий вздрогнул.

– Вас спрашивают, – крикнул дворник.

Дверь отворилась, вышла девушка, взглянула на Порфирия с улыбкой довольствия.

– Пожалуйте!

Порфирий, вообразив, что нашел Сашеньку, бросился в двери.

– Здесь Александра Васильевна? – спросил он, смутясь, у вышедшей из другой комнаты женщины.

– Александра Васильевна? Не знаю, жила, может быть, а теперь мы здесь живем... Пожалуйте, садитесь, прошу быть знакомым.

– Извините, – сказал Порфирий, – я тороплюсь...

И он выбежал из мезонина, с тяжким вздохом обманутой надежды.

"Куда ж я пойду теперь?.. Где я ее найду?.." – думал Порфирий, повесив голову, в совершенном отчаянии, и шел бессознательно к бывшему своему дому.

Взглянув на новый дом, который стоял уже на месте двух стареньких, Порфирий вздрогнул, прислонился напротив его к забору и стоит, как опьянелый.

– Не придет ли и Сашенька взглянуть на бывшее свое пепелище?

Но уже смеркалось, а ее нет.

– Ах, барин, барин, что с вами сделалось? – говорит ему Семен, качая головой.

– Ищи ее, Семен, – отвечает ему Порфирий и идет снова на поиск, справляется по спискам жителей в частях: в списках нет.

Походит-походит и снова придет к дому: не придет ли и Сашенька взглянуть, что сталось с ее домиком!

Однажды, прислонясь к забору, Порфирий закрыл лицо и стоял, как над могилой. Вдруг раздался подле него громкий голос:

– Порфирий! Порфирий!

Он оглянулся, Сашенька бросилась ему на шею.

– Ах, счастье! – вскричал Порфирий, обнимая ее. – Теперь ни шагу от меня!

– Ах, несчастье! – проговорила, рыдая, Сашенька.

– Что с тобой? что это значит?

– Я погибла! я замужем!

Порфирий помертвел.

– Я думала, что ты забыл, оставил меня, и вышла с горя замуж. Сашенька залилась горькими слезами.

Порфирий стоял безмолвно, смотрел в землю.

– Барышня, барышня, Александра Васильевна, матушка, пойдемте, беда будет! – сказала испуганная няня Сашеньки, приблизясь и узнав Порфирия.

– Порфирий! – повторяла Сашенька, приклонясь на грудь его.

– Сударыня, люди идут! – крикнула няня, схватив за руку Сашеньку.

– Порфирий! Прощай! – проговорила Сашенька.

Няня увлекла ее. Порфирий замер.

X

Спустя несколько месяцев известный уже нам барин, нанимавший дом, составившийся из двух старых, сидел однажды, по обычаю, против окна, с трубкой и стаканом чаю.

В эту минуту он смотрел во внутренность себя, но глаза его были устремлены на улицу. Казалось, что он рассматривает архитектуру дома и забора, обонпол[24] улицы.

Барин был близорук, и потому все проходящие казались ему движущимися пятнами. Но вот несколько уже дней сряду обратило его внимание постоянное пятно против забору, которое двигалось на одном месте.

Это его побеспокоило: "Это уже не наружный предмет, это, должно быть, что-нибудь в глазу", – думал он.

Кстати, приехал Федор Данилович.

– Федор Данилович, посмотрите-ко, не бельмо ли у меня в глазу?

– А что?

– Да вот, в комнате ничего, а как посмотрю на свет, против чего-нибудь белого, тотчас является огромное пятно, потом пройдет, потом опять явится.

– Глаз чист, никакого бельма нет.

– Не понимаю!.. Вот против забора опять пятно.

Федор Данилович взглянул на улицу.

– О! Понимаю!.. Так это-то у вас как бельмо в глазу! Славное бельмо.

– Что такое?

– Бесподобное! Дайте-ка лорнет... чудо!..

– Что такое?

– Прелесть!..

– Что такое? – вскричал барин, схватив лорнет из рук Федора Даниловича и также смотря на улицу. – Ах, скажите пожалуйста!.. молоденькая женщина!

– Не сводит глаз с окна! Браво!.. Поздравляю!.. Ну сглазили, ушла!

– Право, я ничего не знаю, – сказал барин, – ушла!

– Верно, придет опять... Прощайте, желаю успеха.

– Куда?

– Мне надо ехать. А где же дом? – спросил вдруг Федор Данилович, приостановясь в зале.

– В закладе.

– Вот тебе раз!

– Будет: и вот тебе два, три, четыре и т.д; благо есть теперь что закладывать.

Федор Данилович уехал. Барин сел у окна, вооружился лупой, смотрит на белый забор, как астроном на небо в ожидании прохождения нового светила.

---

[24] противоположную сторону.

– Вот она! – вскричал барин, вскочив с места. – Эй! Васька, Петр! Одеваться.

Оделся и на улицу, прямо к забору, где стояла незнакомка.

"Она еще тут", – думает барин, прищурившись и подходя к забору. – Что ж это такое? – спросил он сам себя, всматриваясь в лорнет.

Он подошел еще ближе, смотрит: перед ним молодой человек и молоденькая женщина в черном платье стоят как прикованные друг к другу объятием; казалось, поцелуй радостной встречи спаял их уста навек.

– А-а-а! – проговорил барин почти над их ухом.

Они очнулись и с испугом взглянули на барина.

– Ничего, ничего, не пугайтесь, – сказал он, – я только посмотрел, не бельмо ли у меня в глазу.

– Порфирий, пойдем скорей, – проговорила молоденькая женщина, взяв за руку молодого человека, который совершенно обеспамятел, – пойдем, Порфирий!

И они скорыми шагами удалились.

– А-а-а! – повторил барин, – это очень мило.

Костештские скалы

В тысяча восемьсот таком-то году один юный "офицер-ди-императ"[25] сидел в белой, раскрашенной вавилонами снаружи и внутри "касе" селения Каменки; сидел в сонливом, а может быть, и грустном положении, склонив голову на перекрещенные руки на столе.

– Боер дорми! Боярин спит? – спросила хорошенькая, миленькая Ленкуца, дочь хозяйская, входя в комнату с букетом цветов в руках.

Юный офицер, которого мы назовем хоть Световым, молчал.

– Яка, флоаре! Посмотри-ка, вот цветы! – сказала Ленкуца нежно.

– Эй, кто тут есть! Скоро ли лошади? – вскричал юный "офицер-ди-императ", подняв голову.

Взор его был мрачен.

– Я давно сказал Афанасьеву, чтоб запрягал, – отвечал, притворив, двери, денщик.

Офицер опять склонил голову на руки.

– Ты сердишься? – сказала Ленкуца печальным голосом.

– А тебе что за дело? – сказал Светов, приподняв голову.

---

[25] Так называли молдаване офицеров свиты его императорского величества по квартирмейстерской части, производивших съемку земель Бессарабских (прим. автора).

Взоры его блеснули, как у победителя.

– Как что за дело? – отвечала Ленкуца.

– Так ты любишь меня, Ленкуца?

– Нет.

– Как нет?

– Я и хотела бы, да не могу тебя любить...

– Отчего, Ленкуца? Скажи, драгуца моя.

– Оттого, что ты любишь другую.

– Это кто тебе сказал?

– Я сама знаю. Ты только в будни говоришь, что любишь мсня, а сам всякой праздник уезжаешь бог знает куда.

– Что ж такое?

– Как что? Кто любит, тот праздники проводит с теми, кого любит... Вот и сегодня едешь...

– Я езжу к товарищам.

– И, полно! что ты нашел у товарищей?

– Уверяю тебя, Ленкуца.

– Если ты любишь меня, так не поедешь.

– Мне должно ехать.

– Так поезжай! – сказала Ленкуца, вырвав свою руку из рук Светова, и быстро выходя из комнаты.

Казалось бы, что одно только образование может дать природной красоте очаровательную приятность, голосу сладость, взорам томность, движениям непринужденность, стану статность, а сердцу нежную любовь; но это все было в Ленкуце, дочери "мазила", или молдаванского однодворца. Денкуца скромно удалялась от юношеских преследований Светова; он был в отчаянии. В первый еще раз она высказала ему неожиданно свою любовь, но он не мог исполнить ее требований остаться дома. Для свода съемок он должен был съехаться с товарищами, и эти съезды обыкновенно бывали по праздничным дням.

Колокольчик зазвенел, четверка быстрых коней, запряженная в маленькую каруцу, украшенную резьбой, подъехала к хате.

– Ах, какая скука! – вскричал Светов.

– Готово, ваше благородие, – сказал вошедший пионер1. – Кому прикажете с собой ехать? Молдавану или мне?

– Ты поедешь.

Светов накинул на себя плащ и хотел уже садиться в каруцу, как вдруг с горы несется во весь опор четверка и прямо поворотила на двенадцатисаженную веху, которая возвышалась над палацом Светова и на вершине которой был воткнут соломенный "ивашка-белая-рубашка". Правил конями кто-то в широких шароварах, в белой куртке и в белой фуражке, правил стоя, как Аполлон конями солнца, и свистел, как Соловей-разбойник.

– Это наши, ваше благородие, – сказал Афанасьев, лейб-возница Светова, радостно смотря на полет коней.

– Кто ж это так отчаянно правит?

Не успел Светов произнести этих слов, кони как вкопанные, в пене и в паре, остановились подле хаты. Лихой кучер бросил к черту вожжи, соскочил с каруцы.

— Лезвик! — вскричал Светов.

— Каков у нас кучер? — крикнули сидевшие в каруце, которых под пылью нельзя было узнать в лицо.

— Лугин и Фантанов! Вы под пылью, как мертвецы в саванах. Ай, Лезвик, чудо! Я думал, что вас под гору несут лошади... прямо с крутизны к черту.

— Как бы не так! — сказал Лезвик. — Уж мы и править не умеем!

— Не с большим в три четверти часа двадцать верст.

— Как бы не двадцать!

— Ну, теперь пошел Лезвик спорить.

— Да разумеется: двадцать одна и триста сажен. Да и где ж три четверти часа?.. Мы выехали половина десятого...

— После поспорим, Лезвик; а теперь позавтракать да и в Костешти. А у тебя уж, Светов, и лошади готовы? Прикажи и нам дать свежих лошадей.

— Да мы трое усядемся на твоей каруце, а Лезвик опять будет править. Вместе веселее.

— Так уж лучше знаете ли что? Я велю запречь воловью каруцу: засядем в нее и будем играть дорогой в бостон.

— Браво! Славная выдумка! Приказывай!

— Эй, Афанасьев, ступай распорядись, чтоб сейчас же была воловья каруца, запряженная двенадцатью рысистыми волами. Каруцу обтянуть и покрыть сверху коврами, накласть в нее подушек и разостлать на них мой большой ковер.

Не успел денщик Светова поджарить куриных котлет, как послышался скрип каруцы, крики и хлопанье бичами.

— Как прикажете, ваше благородие, я не умею править волами, — сказал вошедший Афанасьев.

— А ты не знаешь службы? Что прикажут, то и должен уметь.

— Уж, конечно, ваше благородие, наше подчиненное дело.

— То-то же! Поставить в каруцу складной стол и четыре складных стула... Да в погонщики волов двух верховых.

Покуда завтрак кончился, все уже готово.

Около каруцы собралась вся громада[26] села; все заботливо, как будто делали важное дело, помогали Афанасьеву укладывать и устанавливать в воловьей каруце, которая стояла, как дом на колесах: в ширину сажень, в длину две; колеса два аршина в диаметре, а ничем не смазанные буковые оси в палец толщины. Вообще молдавские воловьи каруцы бывают без обшивки; бока их составляют параболу, рогами вверх и на подставках.

— Это что за кавалерия, вооруженная бичами?

— Я приказал двух погонщиков, а их наехал целый взвод, — отвечал Афанасьев.

---

[26] мир сельский (прим. автора).

– Ной мержем ку боерь! Мы поедем с боярином! – сказали вершники молдаване, которых набралось человек десять.

– Только двух нужно! – сказал Светов.

– Лас, боерь... лас! Оставь их, боярин, оставь! – сказал ватаман, кланяясь.

– Пусть их едут. Хайд! Мимо Ста-Могил!

– Садимся!

Товарищи засели в каруцу, покрытую сверху и завешенную по сторонам коврами. Афанасьев хлопнул хворостиной по волам; вершники крикнули "хайд!" и хлопнули залп бичами.

– Буна друм, боерь! Доброго пути боярину!– крикнула вся громада, сняв кушмы и провожая каруцу, которая со скрыпом потянулась из селения.

– Хэ! маре драку костра боерь, тота каса ла рота пус! Хэ, большой черт наш боярин, целый дом поставил на колеса!

По неровной дороге, берегом реки Каменки и в гору, волам дозволялось идти обычным своим шагом. Светов, Лугин, Фантанов и Лезвик играли спокойно в бостон; но едва волы выбрались на отлогий скат к реке Пруту, верховые молдаване гикнули, хлопнули бичами по ребрам волов, и – волы поскакали, складной стол прыгнул с ножек, карты полетели, один из бостонистов опрокинулся на подушки, крича "восемь в сюрах"².

– Проклятые! расстроили игру!

– Какая же игра, господа, на почтовых волах! Пошел!

– Хайд! – повторили в десять голосов лихие "калараши"²⁷, свистнув и хлопнув по ребрам волов арапниками.

Выпучив глаза и подняв хвосты, волы скакали; каруца, не уступавшая величиной вагону железной дороги, мчалась быстрее паровоза; верховые молдаване как сумасшедшие скакали по сторонам с криками и хлопаньем. Лезвик, не утерпев, выскочил на передок, выхватил из рук Афанасьева хворостину, гикнул – одно мгновенье каруца была уже на береговой дороге, повернула к Костешти и вскоре очутилась на пространстве Ста-Могил.

– Тут, верно, было какое-нибудь сражение? – спросил любознательный Лугин.

– Это просто обросший от времени обвал крутого берега.

– Не может быть! – сказал Лезвик.

– Отчего не может быть?

– Да так, быть не может.

– Доказательство ясно!

– Разумеется, что не может быть! – повторил утвердительно Лезвик.

Лезвик заспорил бы всех, но, к счастию, крик, хлопанье бичей, грохот и дребезг каруцы мешали спору.

С горы и по ровной дороге волы дружно несли ярмо, но едва подъехали к скалам Костештским, в гору, не тут-то было: ни волы, ни

---

²⁷ вооруженные всадники (молд.).

крик, ни арапники, ничто не везет. Нечего делать: послали Афанасьева в Костешти пригнать пары три свежих волов, а между тем Лугин, Фантанов, Лезвик и Светов вышли на отдельную высоту полюбоваться игрой природы.

Так называемые "скалы Костештские" выдаются из крутого берега реки Прута и берега реки Чугура и перелетают зубчатой стеной через реку Прут, которая течет сквозь брешь, пробитую, вероятно, волнами всемирного потопа.

Лезвик уже стал спорить, что это искусственные, а не природные скалы, но пригнанные три свежих пары волов втащили на гору прежних двенадцать и каруцу. Пора было ехать, чтобы не опоздать в Костешти к обеду товарища Рацкого. Девять пар волов прибыли наконец к деревне Костешти. Тут им придали рыси, и они скоком привлекли каруцу к хате Рацкого. Все, что было у него товарищей, высыпало дивиться торжественному приезду патриархальной колесницы.

– Посмотрите, господа, – сказал Лезвик, едва только успели надорваться груди от смеху: – вот говорят, что это природные скалы!

– Ха, ха, ха! – раздалось снова.

– Похожи на природные!

– Какие же природные, господа? – сказал один "офицер-ди-императ". – Это искусственные.

– Это просто была плотина, которую прорвала вода, – сказал Леззик.– Пойдемте, посмотрите сами.

– Пойдемте, пойдемте сами! – вскричали все.

– Пойдемте.

До скал было не более двухсот шагов от квартиры Рацкого. Берегом реки подошли к гранитным воротам, сквозь которые катился сжатый Прут и где впадал Чугур. По камням пробрались на другую сторону, где был пикет казачий.

– Что, Лезвик? Искусственные скалы? Плотина?

– Разумеется. Спросите хоть у казака. Эй, казак, что это, плотина или , природные скалы?

– Чертова плотина, ваше благородие,– отвечал лихой казак.

– Все-таки моя правда,– сказал Лезвик.

– Согласны, если черт строил ее.

– По мне все равно, кто строил. Только я говорю, что искусственная, а не природная!

– Действительно, ваше благородие, черт строил, только не русский, а молдаванский, по имени "Драку"3.

– Ты не был ли при этом?

– Нет, ваше благородие: это было в давние времена, при моем деде. Он вот как раз стоял на этом месте на часах и видел, как все происходило.

– А как же все это происходило?

– Долга сказка, ваше благородие, да притом же и не даровая.

– Вот тебе задаток,– сказал Светов, подавая казаку золотую монету.

– Извольте слушать,– сказал казак.

"Вот, по сю сторону Чугура было царство Болгарское, а по ту сторону жили хохлы-руснаки. У хохлатского царя была дочь Лунка-царевна, а у болгарского хана "бритая голова, плешь засаленная" был сын Тартаул-царевич, великий богатырь и наездник. Когда пришло время выдавать прекрасную Лунку-царевну замуж, хохлатский царь послал гонцов во все царства с портретами своей дочери и просил царей и царевичей к себе на пир великий и ратоборство, кому честь, и слава, и рука царевны. Вот съехались со всех стран цари, и царевичи, и богатыри великие. Сам царь встречает, есаулы гостей под руки принимают. Началось полеванье. Всех победил угорский королевич.

– Ну,– говорит,– богатыри и витязи, с кем еще копья померять, силы изведать? Или нет больше ни храброго, ни удалого?

– Есть еще один!–крикнул богатырским голосом витязь "светлая броня, ничьим копьем не оцарапана".– Не нужно,– говорит,– ворот отворять, моему коню высокий тын не помеха.

Глядь, уж стоит посреди поля. Разъехались добрые молодцы, тупым концом позабавились. Не успели глазом моргнуть, а угорский королевич лежит на земле. Повели витязя в палаты под руки, встречают его с кубками заздравными, подносит царевна венец ему, просит снять шлем богатырский. Снял витязь шлем, а под шлемом шлык4: так все и ахнули.

– Нет,– говорит царь хохлатский:– не пойдет моя дочь замуж за бритую голову!

– Царь-государь, – сказал витязь: – не в хохле дело, а дело в том, полюбит ли меня прекрасная дщерь твоя; если любит, то я, изволь, отрощу хохол до пяты.

Царевна сладко очи потупила. А царь сказал:

– Ну, будь по-твоему, будь ты мне зять нареченный; проси у твоего родителя благословенья.

Поехал Тартаул к своему родителю просить благословенья жениться на единородной дщери царя хохлатского.

– Как? – говорит хан "бритая голова, плешь засаленная". – Чтоб ты женился на хохлачке, на бараньей голове?

Молил, молил Тартаул отца своего – ничто не берет.

– Ну, – говорит Тартаул: – если не позволяешь, так уж быть беде! Струсил хан: любил он сына.

– Хорошо, – сказал, – согласен. Только пусть дает в приданое за дочерью море.

Поехал Тартаул к возлюбленной невесте и говорит царю: так и так.

– Помилуй, твой отец с ума сошел! У меня и моря нет в целом царстве. Земли сколько хочешь!

– Хитер у меня отец! – сказал Тартаул.– Что делать? Есть, говорят, чародей Чугур; поеду, посоветуюсь с ним: у него есть на все отводы.

Приехал к Чугуру: жил он отшельником в горе; посреди леса сидел сиднем на пне и не двигался с места. Приехал, рассказал свое горе: вот так и так, что делать?

– Драку шти! Черт знает! – сказал Чугур.

– Коли черт знает, так попроси его, сделай милость, научить, что делать.

– Что дашь?

– Что хочешь.

– Видишь: в вашем владенье, у Гнилого Моря, есть сто могил моих предков; перевези их все сюда, со всем, что в них есть.

– Изволь! хоть тысячу!

Обрадовался Тартаул и тотчас же отправил подводы на Гнилое Море. Вот их и перевезли на то место, где теперь Сута-Моджиле.

– Ну, – сказал Чугур: – спасибо! Я тебе услужу. Ступай к отцу и скажи, что царь хохлатский дает море в приданое дочери. Вези его на свадьбу.

Поехал Тартаул к отцу, говорит ему: так и так, будет море в приданое.

– Да откуда он взял море? – спросил хан.

– Не могу знать. Верно, было какое-нибудь.

– Быть не может. Поедем! А если моря нет, так нет тебе и согласия моего.

Поехали, подъезжают. Царь и царица их под ручки принимают, за браные столы сажают.

– Ну, – говорит хан болгарский: – дочь твоя хоть куда царевна, а где же ее приданое? где же море?

– Где ж нам взять моря, любезнейший наш брат, хан болгарский...

Только что он сказал это, вдруг слышат шум, точно морские волны хлещут о берег. Глядь в окно: не река Прут течет, а бушует пространное море перед палатами.

– Ба, ба, ба! Да как же это сказали мне, что в твоем царстве и моря нет? Да какое же это море? – спросил хан болгарский.

Царь хохлатский от удивленья не знает, что и говорить.

– У нас море Черное, а это море Проточное, – отвечает за него Тартаул-царевич.

– Если так, то сдержу мое слово. Сыграем свадьбу.

Вот начали играть свадьбу. Сыграли. Сели за браные столы. Вдруг прискакали гонцы из царства Ордынского к хану и говорят:

– Помилуй нас, хан великий, многомилостивый! Зачем позволил ты строить чертову плотину на Пруте? Все наше царство пересохло. Черное море иссякло, ни капли воды нет.

– Как? – крикнул ордынский хан.

А тут же и к царю прибежали люди земские:

– Батюшка-царь, смилуйся! Зачем ты позволил царю ордынскому чертову плотину на реке Пруте строить? Вода разлилась по всему царству, вздулась словно море, все топит, подступает под твои царские палаты.

– Как? – крикнул и царь хохлатский.

А потом оба в один голос:

– Так такие-то вещи ты, царь хохлатский, со мной делаешь! Вздумал пересушить все мое царство? Плотины строить! Эй! ломать плотину!

– Так такие-то вещи ты, хан болгарский, со мной делаешь! Плотины строить? Вздумал затопить все мое царство? Эй! ломать плотину!

– Едем, сын!

– Пошла, дочь, в свою светелку!

– Помилосердуйте, любезнейшие родители! Плотину не вы строили, ни царь хохлатский, ни хан болгарский, а плотина сама построилась на мое счастье.

– Как?

– Да так. Позвольте, я пойду с народом снесу ее.

Вот и принялись ломать плотину. Ничто не берет, ни лом, ни топор. Как быть? Поскакал Тартаул-царевич к Чугуру. Нет его на пне; искать, искать – а он поселился в пещере, вот что со стороны дороги, и сидит там молча.

– Благодетель ты мой! – говорит Тартаул-царевич: – помоги! Вот так и так: плотина твоя затопила царство хохлатское, пересушила все земли болгарские... Помоги, сделай спуск!

– Нелегко, тут от руки ничего не сделаешь; надо прогрызть зубами.

– Помилуй, какой зуб возьмет?

– Надо попросить зубатого.

– Попроси кого знаешь!

– Что дашь? Да постой, не нужно. Обещай сослужить мне службу: холодно мне стало на белом свете; перенеси ты мои косточки туда, где сто могил моих предков, и приодень землицей.

– Изволь, дедушка Чугур, целой горой завалю твои косточки.

– Ну, добре, ступай: будет по-твоему.

Как настала ночь, дедушка мой стоял здесь на карауле; служил он в чередном казачьем полку на границе. Стоит себе, как я, пика в сошках, а голая сабля на руке – вдруг видит, кто-то идет. – Кто тут? Убью! – Здешний, – откликается: – "мошуль[28] зубатый". Как взглянул на него дедушка мой, так и остолбенел: черные зубы из пасти, точно тын железный. Как начал он, ни слова не говоря, грызть каменную плотину, так и хрустят камни; погрызет-погрызет, да оселком зубы поточит. К утру прогрыз вот, как видите, целые ворота, да не остерегся: вода как хлынет вдруг, сбила его с ног и понесла; только его и было.

Вот царь с ханом видят, что дело пришло на лад; помирились и принялись снова пировать.

Как оженился царевич, сдержал слово Чугуру, перенес его, посадил посреди Ста-Могил, прикрыл землицей. Вот самый большой курган – это его, сто первый.

– Видишь, хан болгарский, – сказал царь хохлатский: – чего нет, того и не проси.

Царь и хан наделили молодых свежими землями, собрали всех молодцов и всех красных девиц и отдали им в приданое. Вот и пошли

---

[28] дедушка (прим. автора).

пиры и "младованье". Я там был, мед пил, по усам текло, а в рот не попало!"

– Спасибо, казак! вот тебе на придачу.

– Покорнейше благодарю, ваше благородие! Если угодно, мы и еще кой-что порасскажем, например про Надежду-царевну "магнитные глазки".

– В другой, брат, раз!

– Я говорил, что это плотина...

– Ты прав, ты прав, Лезвик. Теперь мы знаем, что и Сто-Могил не обвал.

– Смейтесь!

– Пора обедать, господа,– сказал Рацкий, и все отправились к нему на квартиру. Стол уже был готов. После обеда привели верховых лошадей, все вооружились хлыстиками, засели на коней и – на луг. Начались "бары", или игра в войну[29]. Потом, во время чая, по обычаю, началось очередное чтение: повестей, стихов, статьи ученой, военной. Каждое произведение поступало в рукописный сборник, которого части, по прошествии известного времени, разыгрывались по жребию – кому достанется в память товарищества и молодости лет, проведенных не без пользы.

День прошел. Пора по домам.

– Господа, в следующее воскресенье ко мне. Кстати, я и именинник, – сказал Светов, прощаясь с товарищами.

– Что, и назад на колеснице воловьей?

– Нет, покорно благодарю? Еду на легких.

Четверка лихих коней, управляемых Афанасьевым, стояла ужо у подъезда. Светов вскочил в каруцу и при свете ночного светила помчался в Каменку, где бедная Ленкуца таяла от ревнивой любви.

В продолжение всей недели она не показывалась на глаза "юному". Чем свет уедет в поле, воротится поздно или уйдет в касу своей тетки и ткет ей ковры.

Воскресенье приближалось. Светов распорядился к приему гостей. Подле дома не было саду: лес близок, нипочем; в один день весь двор обратился в сад, усыпанный свежей, душистой травой и цветами. За десять рублей "чиновник-ди-исправничия"[30] привез десять возов разных плодов: воз арбузов, воз дынь, яблок, груш, персиков, абрикосов, слив, волошских орехов, вишень, винограду, а усердная команда развесила все на деревья. Для гостей на кухне шпарят и потрошат баранов, уток, гусей и цыплят; на погребе заготовлено янтарное "Одубешти", полынковое и мускатное; для джока выписаны цыгане музыканты; для громады взято в корчме несколько ведер ракю[31]. Чучела на вехе одета в новую красную рубашку.

Настало воскресенье. "Юный" проснулся грустен, сходил в

---

[29] Игра колонновожатых в Асташове. Название, без сомнения, происходит от "bacrja" – "сражаться" (прим. автора).

[30] исправник (молд.).

[31] фруктовая водка.

церковь. Его поздравили с именинами денщик, вся команда, вся громада. Парентий принес огромную просфору, а Ленкуца не идет поздравить его.

К полудню товарищи съехались, расположились на коврах, постланных на мягкой траве посреди армидина сада5, курят трубки, беседуют в ожидании завтрака. Светов прилег на голой траве. Вдруг прошла Ленкуца в хату, взглянув мельком на Светова.

– Ба! формошика[32], формошика!– крикнули все в один голос, увидев ее. – Не твоя ли хозяйка, Светов?

– Да, – отвечал он.

– Что ж ты покраснел?

– И не думал.

– Браво, браво, браво! – закричали все.– Попимаем! Как умильно, нежно она взглянула на тебя!

– Мечта! Это, господа, суровая красавица, не слишком нежничает с нашим братом...

– Фата формоза![33] – вскричали все снова, увидев Ленкуцу, которая вынесла из хаты прекрасный махровый ковер. Не обращая ни на кого внимания, она подошла к Светову и разостлала свое приданое. Но Светов не хотел обратить внимания на ее услугу. Ему стыдно было товарищей.

– Добрая хозяйка! Как она заботится о своем постояльце! А подарила ли ты ему что-нибудь в день именин?

– Нет еще! – сказала она. – Он, верно, сердит за это на меня.

И вдруг Ленкуца бросилась к Светову, обняла его, пламенно поцеловала. Он вспыхнул, она скрылась.

– Браво, браво!– повторили все, захлопав в ладоши.

Поздравления посыпались на бедного Светова.

Он надулся.

Этот случай помешал общему веселому расположению. Все как будто подозревали, что Светову веселее дома без гостей. И Светов что-то был невесел: он как. будто сторожил, не придет ли Ленкуца, чтоб и ее поцеловать так же пламенно, но без свидетелей!

После обеда оживилось. Вдруг колокольчик.

– Кто это?

Афанасьев прибежал запыхавшись.

– Полковник едет, ваше благородие!

– Вот тебе раз!

Вскоре коляска остановилась подле хаты.

– С генералом, ваше благородие!

– Действительно, полковник, убей меня бог, прекрасное местоположение! – Здравствуйте, господа! Каким это образом вы все здесь?

– У именинника, ваше превосходительство.

– И прекрасно!

---

[32] красавица (молд.).
[33] Прелестная девушка! (молд.).

— Вот и все планшеты6 здесь, ваше превосходительство,– сказал полковник.

— И прекрасно! Так я осмотрю работы и прямо отсюда в Хотин. Прикажите мне переменить лошадей. Г. Светов, вы сдадите свою съемку и поедете со мной.

Светов побледнел. Так поразили его эти слова.

— Мы выберем вместе места для смотров; вы снимете их и потом явитесь ко мне.

— Укладывайся! – сказал Светов денщику почти со слезами на глазах.

— Что, брат, горе!– говорили товарищи шепотом, подходя к нему по очереди.

— Что такое? – отвечал им Светов.

Вскоре свежие лошади были запряжены в коляску. Светов простился с товарищами, посмотрел кругом, нет ли где Ленкуцы? – Нет!

Только и видел он ее.

Неистовый Роланд

Глава I

В одном из пятидесяти пяти губернских и пятисот пятидесяти пяти уездных городов Российской империи, в заездной жидовской корчме, ходил по комнате из угла в угол человек лет тридцати, важной наружности, с пламенными черными глазами, с пылким румянцем на щеках. На нем был синий сертук; три звезды светились на груди; беспокойство и смущение выражалось во всех чертах.

Двери в хозяйскую спальню были притворены. Подле спальни, в кухне молодая еврейка стряпала на шабаш кугель и готовила чай для постояльца. Несколько жидков в штанах, в нагрудниках, в шапках толпились около нее и бормотали по-своему. Вдруг раздалось громкое восклицание постояльца. Жидки бросились к дверям и по очереди заглядывали сквозь щель в комнату, занимаемую им.

— Ангелика! – произнес он отчаянным голосом. Жидки отскочили от двери со страхом.

— Wus sakt er?34 – пробормотал один из них и снова уставил глаза в щель.

---

34 Что сказал он? (идиш)

– Haim, Haim, Schlem![35]

Хайм и Шлемка также пододвинулись к щели.

– Ангелика! – повторил знаменитый постоялец, остановясь посреди комнаты. Очи его были неподвижны, поднятая рука тряслась.

– Природа! – продолжал он, – ты глуха к воплям несчастного! Слезы мои пробили дикие камни и не смягчили тебя, чтоб отдать мою собственность!.. В степь обращу я вселенную, чтоб в беспредельных равнинах Ангелика не могла скрыться от взоров моих!.. Ангелика! Неужели в обширном свете есть место, которое в состоянии утаить тебя?..

После некоторого молчания он ударил себя в грудь и продолжал голосом страдания:

– Боже всевышний! Бесконечная борьба!.. Или не довольно мучений?.. Какая фурия омочила ядовитый кинжал в крови моей?.. В юдоли спокойствия, в ее объятиях, в минуту блаженства... он сам совершил свой приговор!.. Может быть, она предпочла суровому названию воина нежное имя пастуха! Своенравное божество любви! Лей в рану мою яд!., она не чувствует его более!.. Что ж медлю я! Иди, ищи ее, несчастный!..

С сими словами он бросился в сторону.

– Тышэ, судэр! – вскричала еврейка шепелявым наречием, отскочив от исступленного постояльца. В руках ее был поднос, на котором внесла она засаленный чайник с чаем, другой с горячей водою, третий с молоком, блюдечко с четырьмя кусочками сахара и другое с жидовским хлебом.

– А, Рифка! теперь ты от меня не уйдешь! – вскричал знаменитый постоялец, сдавив в своих объятиях еврейку, едва только успевшую поставить поднос на стол.

– Wus macht er, Haim?[36] – пробормотал жиденок, смотревший в щель двери.

– Дэ! Тышэ, судэр! – вскричала еврейка, защищаясь от поцелуев, которые сыпались на лицо ее, и с трудом вырвавшись из рук постояльца.

Когда она выбежала из комнаты, неизвестный посмотрел пламенными очами вслед за ней, налил стакан чаю, выпил его почти залпом, прошел несколько шагов по комнате, снова остановился посреди комнаты, вскинул руки и закричал:

– Проклятый! и ты не сбросил их в ад!.. Да, я все опустошу, что только носит на себе отпечаток постыдной любви!.. Погибните, нечистые тени, блюстители гнусных наслаждений и свидетели моего стыда!.. О! будь дыхание мое подобно бурному вихрю!..

Вслед за сими словами проклятия полились потоком. Сама Рифка выбежала из кухни и, отогнав жидков от двери, приложила глаза и уши к скважине.

---

[35] Хаим, Хаим! Шлем!
[36] Что он делает, Хаим? (идиш)

– Солнце! – продолжал неизвестный, – скройся, если ты когда-нибудь приблизишься по золотому пути своему к этой плачевной юдоли! Луна! отврати луч небесного твоего света от постыдного места! Вечная ночь! покрой собою это адское жилище! Смертоносный воздух! растли приближающегося сюда странника... Лютые тигры! селитесь здесь!..

В это время наружные двери заскрипели, кто-то вошел в комнату. Неизвестный продолжал, но уже гораздо спокойнее:

– Солнце торопится скрыться от этого ужаса! Смотри! видишь ли добродетель в рубище, а порок в шелку? Видишь ли горлицу? над ней вьется ястреб... он уже схватил, раздирает ее сердце, кипящее еще любовию...

– Готово, судэр, – произнес стоявший в дверях. По голосу можно было догадаться, что это был жид-фактор.

Деревянные часы, висевшие в углу, прокуковали шесть часов.

– Пора! – сказал неизвестный. Накинув на себя плащ, он вышел вон; фактор провел его по коридору со свечой. На дворе было уже темно; подле ворот стояла маленькая польская бричка, запряженная в одну лошадь, которою правил жид в мохнатой шапке, с витыми огромными пейсами.

– На водку фактору, сударь!

– Убирайся к чорту! – отвечал неизвестный, вскочив в бричку.

Жид, сидевший на козлах, хлопнул бичом по тощим ребрам клячи; фактор со свечой воротился в комнату; копыты застукали о твердую землю, бричка задребезжала; по обе стороны улицы замелькали в домах огни жидовского шабаша.

Без помехи катилась бричка; вдруг, при спуске под горку, навстречу обоз; жид своротил в сторону.

Из ближайшего дома свет ударил на улицу.

– Овраг!.. – вскричал неизвестный. Слова его прервались, бричка опрокинулась, звезды на платье мелькнули, раздался стон и вдруг умолк. Только слышно было, как на гору тянулись волы, да слышен был свист погонщиков да хлопанье бичей и цобэ, цобэ!

Обоз проехал. Все утихло. Жалостное жидовское иох! послышалось под горою; но вскоре снова раздался удар бича, снова копыты застукали, и бричка задребезжала вдалеке.

Глухой стон повторился подле освещенного дома, близ мостика чрез овраг.

Глава II

В день св. мучениц Минодоры, Митродоры и Нимфодоры к господину городничему стекались гости. По случаю именин почтенной своей супруги он строил пир на весь мир.

У всех значительных особ города, знающих приличия большого

света не менее Павла Афанасьевича Фамусова, этот день отмечен был в календаре; на чистеньком листочке, против 10 числа сентября, стояли следующие слова: день ангела Нимфодоры Михайловны.

В этот день, в торжественный праздник, в соборной церкви служил обедню сам протопоп; а председатель и члены магистрата, судья и значительные чины записывали в журнале рано поутру: "По неполучению надлежащих сведений, отложить рассмотрение дел до следующего заседания". А почтмейстер и помощник его препоручали принимать и отправлять корреспонденцию дежурному поч-талиону; а городской лекарь давал необходимые наставления для исправления своей должности фельдшеру; а квартальные возлагали полицейские заботы на хожалых; и все в полных мундирах отправлялись на поздравление Нимфодоры Михайловны и супруга ее, потом к обедне, потом к обеденному столу имянинницы.

Три гильдии городских купцов также помнили этот день; препроводив раным-рано с приказчиками своими кулечки со всем, что только относилось до хозяйственной экономии Нимфодоры Михайловны, сами шли поздравлять имянинницу около полудня.

На этот день брался из острога отличный повар, содержащийся в оном по уголовному преступлению около уже пяти лет и не отправляемый на каторгу то по случаю производящихся следствий по его показаниям в пятнадцати губерниях, то по случаю неотыскания еще сообщников его, рассеянных по всей Российской империи, то по случаю болезни и по разным законным причинам. Обед был великолепен.

Какая кисть изобразит то единодушное удовольствие, коим все присутствующие за столом были исполнены. Тосты за здравие Нимфодоры Михайловны с ее супругом и всем семейством были повторяемы с сердечным приятием чувств преданности, должного уважения к почтенному начальнику города и с пожеланием всякого блага и благополучия, 100 000 годового дохода и ста лет, да двадцать, да маленьких пятнадцать жизни. Вензловое имя почтенной имянинницы, вылитое из леденца и опутанное сахарной паутиною, возвышалось посреди стола; подле стояли марципаны, варенья на тарелках, дыни и арбузы, груши и яблоки. Песельники пожарной команды пели многие лета.

Когда Нимфодора Михайловна принялась межевать слоеный круглый пирог, хозяин подрезал проволоку у бутылки шампанского, пробка ударила в потолок, упала на пол и, поднятая с земли по требованию судьи, знающего толк в винах, пошла по рукам гостей, как диво; почтительно произнесло несколько голосов: VCP с звездочкой! А когда напенились бокалы и раздались гостям, все привстали, залпом произнесли: желаю здравия! И потом, как беглый огонь, посыпались похвалы вину: дивное вино! старое вино! очень старое вино! вино без подмеси! царское вино! Когда разнесли десерт, сопровождаемый ратафией, пьяной водицей и вишневкой, когда гости стали тучны и алы, хозяйка встала с места, стулья двинулись, загремели, все приложились к ручке хозяйки и вошли в гостиную.

Дамы засели на диване около круглого стола, на котором стоял новый десерт: вологодская пастила, разных сортов орехи, фрукты, варенные в сахаре. Мужчины чиновные засели по сторонам и занялись чищением зубов и нюханием табака; прочие – люди подчиненные – толпились по сторонкам, перешептываясь или рассматривая богатое украшение комнаты: московские обои с изображением пастушки в фижмах и пастуха в штанах, играющего на дудке; мебель, обитую зеленым сафьяном; картинки производства Логинова в золотых узеньких рамках, изображающие историю Женевьевы, Поля и Виргинии, блудного сына и искаженные черты царей и полководцев, с подписью и стихами в честь их.

– Вообразите-с! – сказал почтмейстер, взяв вилкою кусок пастилы, – во Франции, в Париже-с, бывает завтрак на вилках.

– Возможно ли! Каким же это образом? – вскричало несколько голосов.

– Не знаю-с; а могу представить в доказательство книгу г. Коцебу о воспоминаниях в Париже; г-н Коцебу достоверен-с, не солжет.

– Да это, верно, просто выражение, – сказала важно хозяйка дома. – Точно такое же выражение, как у нас говорят: сидеть на иголках.

– Должно быть, так-с! – подтвердил председатель магистрата.

– Что город, то норов, что деревня, то обычай! – произнес протопоп, поправив свою бороду.

– Действительно-с! – сказал семинарист, учитель городской школы. – Цицерон сказал: communem consociationem colère, tueri, servare debemus, т. е. мы должны служить обычаям...

– Точно так-с! – прервал его почтмейстер, – однако же у г. Коцебу в статье о коврах сказано, что показывающий Цицерон сам понимает мало.

– Помилуйте, – сказал ужаснувшись учитель, – Цицерон – оратор римский!

– Что ж, сударь, – отвечал почтмейстер, – он мог путешествовать и заехать в Париж. Я бы сам с любопытством взглянул на город, в котором даже весь мастеровой народ рыцари и носят щиты с девизами.

– Как это так-с! – вскричали все.

– Извольте прочитать г. Коцебу о Париже, – отвечал важно почтмейстер.

– Да-с, – промолвил он и продолжал: – Но уж какая развратительная философия во Франции! Вообразите себе: сам Наполеон Бонапарт сказал господину Коцебу волтеровское правило: что все люди добры, исключая человека скучного[37]. Как вы думаете об этом: все люди добры, исключая человека скучного!

– Ужасно! – вскричали гости. – Все люди добры, исключая человека скучного! Следовательно, разбойник, тать – добры, потому что они не скучны.

---

[37] Это русский перевод слов: tous le genres sont bons, excepté le genre ennoyeux (прим. автора).

– Ужасно! – повторили все, и общее удивление было прервано предложением одной из девушек сыграть на клавикордах.

– Право, все перезабыла, Нимфодора Михайловна.

– Сделайте одолжение, сударыня, потешьте моих гостей, – сказал городничий.

Все гости также обратились с покорнейшею просьбою к виртуозке.

– Право, я все перезабыла! – повторила она.

– Ну, ну, ну, Софья! Я не люблю манеров! Учат не на то, чтобы забывать! – вскричала мать девушки. И Софья, надувшись, села за клавикорды. Клавиши застукали, струны зазвенели; педаль, приделанная для маршей и турецкой музыки, забила в деку, как тулумбас, клавикорды закачались на складных ножках.

Все гости обступили виртуозку и дивились искусству игры; но удивление многих увеличилось донельзя, когда правая рука Софьи, перескочив через левую, заиграла на басах.

– Это, верно, французская вариация! – вскричал председатель.

– Точно так-с, – отвечала Софья с самодовольствием, – это французская кадриль.

– Я отгадал! – продолжал председатель. – У них все навыворот. Ну, зачем бы, кажется, играть правой рукой вместо левой, а левой вместо правой.

– Софья! – сказала строгим, материнским голосом мать Софьи. – Я не раз тебе говорила: играй просто вариацию, не перекидывай руки! Что за глупая манера! Как будто нельзя играть добрым порядком!

Софья порывисто встала из-за клавикорд и вышла в другую комнату.

Ее мать почла неприличным, что она не дождалась похвалы и благодарности за игру, последовала за нею журить, бранить наедине, учить дочь свою приличиям общества.

Между тем мужчины засели на несколько столов играть в бостон, а хозяйка с своими гостями около десерта.

Пробило 6 часов. Ломберные столы были уставлены уже ремизами, а синяя салфетка десертного стола покрылась скорлупой.

– Господа! – вскричал городничий. – Пора в театр, ремизы разыграем после. Пора, пора, – повторили все дамы. – У вас есть афишка? Говорят, что актеры бесподобные.

– Как же-с, антрепренер представил мне список актеров. Играть будут пьесы отличные, по моему назначению, драму "Добродетельная преступница, или Преступник от любви", в трех действиях, и комедию в пяти действиях "Неистовый Роланд".

– Как это интересно! Пора, пора! – повторяли дамы, сбираясь и с нетерпением ожидая у подъезда дрожек.

Бостонисты сложили ремизы, разыграли, рассчитались, схватились за шапки, второпях выигравший забыл заплатить за карты; и вот, пешком и на дрожках, все двинулись в театр.

Глава III

Город, в котором случилось описываемое происшествие, лежал на берегу роскошного Днепра и разделялся глубокою лощиной. Главная часть города была на горе и украшалась широкою площадью, ограничиваемою жидовскими корчмами, костелом, соборною церковью и деревянным театром с лубочной кровлей. Другая часть города, носившая название "за мостом", не имела в себе никаких замечательных зданий и украшений, кроме городских бань, пивоварни и живодерни, на которой выделывались самые лучшие собачьи меха. Третья часть, "под горой", населена была Израилем и украшалась деревянной жидовской школой, обросшей мохом и стоявшей посреди лачуг и непроходимой грязи. Весь же город славился красотой евреек: Голды, Рифки, Рохли, Лейки, Ганзы и Пейзы в красных тюрбанах, в мушках, с рассыпанными волосами по плечам владычествовали над походными сердцами.

В этот же город приехала труппа актеров, и г. антрепренер, заплатив полиции положенный штраф за намерение играть трагедии, комедии, оперы, драмы и мелодрамы, к удовольствию городской публики получил дозволение воспользоваться театром, который поступил в городскую собственность также от одной походной труппы актеров, изгнанной из города за то, что осмелилась по болезни некоторых из действующих лиц отложить спектакль до другого дня. Приехавшая труппа актеров принадлежала уже не к тому времени, когда публику сзывали в театр бубнами и литаврами, когда без предуведомления о достоинстве пиесы и без испрошения снисходительного воззрения на игру актер не смел ступить на сцену, а публика без предварительного экстракта или объяснения пиесы, изложенного в прологе, не понимала смысла; но она принадлежала к той эпохе, когда порок и добродетель не смели соединяться в одном и том же действующем лице, но боролись отдельно, боролись друг с другом, а не с душою человеческою.

Настало роковое время – 6 часов пополудни; театр осветился плошками. Четыре жида – с скрипкой, виолончелью, цимбалами и треугольником – засели перед сценой. Занавес с изображением Аполлона и девяти муз, покрытых вохрою и суриком, волнуется уже от сквозного ветра. Все действующие лица уже готовы для представления драмы, только недостает еще маркиза Лафаста, преступника от любви, главного лица. Французский король, в черном фраке, в лентах и звездах, в тафтяной мантии, усеянной блестками и мишурой, ходит с досадою по сцене, распоряжается за кулисами, твердит по тетрадке роль свою, а у всех спрашивает, пришел ли Зарецкий.

Софья, добродетельная преступница, также заботится об нем.

Публика наполняет уже театр. Приехал и городничий с своим семейством. Музыка загремела мазурку... а маркиза Лафаста нет.

– Чорт! – восклицает в отчаянии король.

72

– Боже! – восклицает София.

– Я сгоню его, не будь я антрепренер! – восклицает король.

– Посмотрим, как сгоните! и я отойду прочь! – восклицает София.

– Что ж мне делать? Что мы будем делать без него? – восклицает король.

– Подождут! велика беда, – восклицает София.

– Как подождут?

– Да так же; и в столицах ждут, не только что в поганом городишке!

Ждут; а маркиза Лафаста нет как нет. Жиды проиграли все мазурки и польские, принялись снова за мазурочку панну. Публика, по примеру супруги городничего, бьет в ладоши, стучит ногами; а городничий послал за кулисы хожалого с приказанием начинать.

– Чорт! Что нам делать? – вскричал снова король. – Нет, вон, долой с театра!

– Посмотрим! – повторила опять София, – а я сейчас же долой с себя костюм!

– Что ж нам делать без него? Мы погибли! Как объявить публике? Да я и в тюрьме места себе не найду!

Хлопанье и стук повторились сильнее прежнего; хожалый явился снова с приказанием поднимать занавес.

– Чорт! – вскричал король с отчаянием. – Поднимай занавес! Луидор, выходи; выкидывай все явления, где маркиз Лафаст. Начинай с 3-го явления.

Занавес поднялся.

– Что я слышал!., что видел! – вскричал страшным голосом актер, игравший роль Луидора, выбежав на сцену.

И вся публика захлопала; и драма играется без главного действующего лица, идет прекрасно, принимает новый смысл, носит на себе первообраз новой драматической школы.

И публика довольна. Публика в исступлении от игры Софии, добродетельной преступницы.

– Фора, фора! – кричат ей после всякого монолога, и бедная София должна выходить снова, повторять монологи в несколько страниц.

А Зарецкого нет как нет; во второй пиесе он должен играть неистового Роланда; ждут – не является.

И снова король, но уже Карл Великий, обнадеженный успехом драмы, решается начинать и "Неистового Роланда" без неистового Роланда.

– Где же неистовый Роланд? – спрашивают друг у друга зрители в половине пиесы, и городничий посылает за кулисы спросить, где же неистовый Роланд.

– Неистовый Роланд?.. В отсутствии, – отвечает содержатель театра, сняв корону пред полицейским чиновником, присланным от городничего.

– Как в отсутствии?

– В отсутствии-с, но он прибудет к заключению пиесы.

И этот ответ удовлетворяет публику; все с нетерпеньем ждут заключения. София является уже Ангеликой, Луидор – китайским

73

рыцарем; являются волшебник, пастух... и никому не хлопают, ждут Роланда. Карл Великий слышит ропот публики.

– Я погиб! – говорит он, сбросив с себя королевскую порфиру и корону...

Вдруг раздается на дворе шум.

– Что там такое? – спрашивает городничий.

– Не здесь ли господин лекарь? – раздается снаружи голос.

– Что там такое? – повторил грозно городничий.

И все полицейские, находившиеся в театре, бросились вон узнать причину шума. Сквозь толпу их продрался слуга лекаря.

Его схватили за ворот.

– Что тебе, мошенник?

– Осипа Ивановича требует какой-с генерал, что остановился у господина казначея, – отвечал запыхавшись слуга.

В то же время к городничему подбежал писарь полиции.

– Ваше высокоблагородие! – сказал он ему шепотом. – Кажись, что новый генерал-губернатор приехал!

– Неужели! – промолвил городничий, смутясь. – Ах ты, несчастье! как обманули! а мы ожидали его недели через две! Да точно ли генерал-губернатор?

– Точно, ваше высокоблагородие: только что приехал, потребовал к себе городового; вишь, не очень здоров с дороги.

Городничий, не говоря ни слова, бросился вон из театра.

– Губернатор, губернатор! – раздалось шепотом между публикою. При этом имени все чиновные служащие люди встали с своих мест, засуетились, забыли пиесу, заходили между стульями, пробираясь вон.

– Виноват, почтеннейшая публика! – произнес вдруг жалким, умоляющим голосом содержатель театра, выбежав с отчаянным лицом на сцену. – Прошу милости и прощения! Я не причиной тому, что мой актер пропал!..

В общем шуме сборов, стучанья дверями никто не расслышал слов антрепренера, вообразившего, что публика наконец догадалась, что неистового Роланда нет на сцене.

Все приняли его самого за неистового Роланда, который должен был явиться к заключению пьесы, и, выходя из театра, хлопали и кричали фора! Антрепренер повторил извинение; занавес опустился.

Глава IV

– Генерал-губернатор! генерал-губернатор! – раздавалось в толпе, выходящей из театра. – Генерал-губернатор! – неслось по улицам города. И служебный народ возвратился домой с мыслию: генерал-губернатор! около которой образовалась сфера идей об ответственности за беспорядок и неисправность.

Городовой лекарь также пришел в ужас. Он никак не воображал, что генерал-губернатор может иметь нужду в уездном лекаре: не лечиться ездит он по губернии, а взыскивать за нерадение по службе.

Вследствие этой мысли городовой лекарь торопится домой, чтоб сбросить фрак, надеть мундир, вооружиться шпагою; и между тем посылает за своим помощником, ждет его с нетерпением, бранит за медленность, приказывает составить список больных городовой больницы, с трепетом едет в дом казначея, входит в переднюю и, отирая пот на лице, спрашивает у слуги: дома ли его высокопревосходительство?

Его вводят в залу. Казначей с женой и двумя дочерями встречают его, чуть дотрогиваясь до полу, и шепотом рассказывают ужасное событие, как его высокопревосходительство разбили лошади, как выпал его высокопревосходительство из экипажа, к счастию подле их дома; рассказывают, что его высокопревосходительство весь разбит и лежит без памяти на диване в гостиной, и просят войти туда осмотреть раны его высокопревосходительства.

– Как же это можно, – говорит лекарь, – войти без особенного на то приказания его высокопревосходительства! Не лучше ли подождать, когда он очувствуется и потребует медика?

– Помилуйте, Осип Иванович, что вы изволите говорить? Его высокопревосходительству нужна неотлагаемая медицинская помощь, потому что вся голова его от сильного удара при падении приведена в окровавленное состояние.

Лекарь убедился словами казначея; поправив мундир и шпагу и взяв в правую руку треугольную шляпу, он вошел в гостиную.

На диване лежал средних лет мужчина с окровавленным лицом, с огромной посиневшей шишкой на лбу, в сертуке, на котором сияли три звезды.

– Пощупайте у его высокопревосходительства пульс, Осип Иванович, – сказал тихо казначей.

Лекарь пощупал пульс и пришел в себя, потому что его высокопревосходительство действительно был без памяти.

– Что скажете?

Осип Иванович покачал головою.

– Не нужно ли пустить кровь?

– Да, нужно бы! Его высокопревосходительство без памяти. Не худо бы послать за фельдшером.

– Помогите, почтеннейший Осип Иванович! Вы представьте себе, что его высокопревосходительство будет почитать вас и меня своими спасителями. Если б не я, действительно он погиб бы, изошел бы весь кровию. Надо же быть такому счастию: еду в театр, выезжаю из ворот, слышу стук экипажа и вдали крик, а под ногами слышу стон. Что это значит, – думаю себе. Стой! слезаю с дрожек, гляжу – что же? Его высокопревосходительство у мостика лежит в канаве, весь разбит, как видите. Экипаж, верно, опрокинулся, лошади понесли под гору и, верно, прямо в Днепр...

– Необыкновенное счастье, – подхватила жена казначея, – что

75

коляска вовремя опрокинулась, иначе и его высокопревосходительству быть бы в Днепре.

— Помогите скорее, Осип Иванович, — прервал казначей. — За спасение жизни он возьмет нас под свое покровительство.

— Употреблю все искусство. Мы пустим ему кровь... Послали за фельдшером?

— Послали, послали! — отвечали жена казначея и две ее дочери.

Лекарь подошел к больному.

— Голова вся разбита!.. Боюсь, не потревожился ли мозг, — прибавил он важно.

Фельдшер пришел. Руку больного освободили из рукава, натянули, перевязали выше локтя; жила напружилась, ланцет щелкнул, кровь брызнула в потолок.

— Несчастный! — вскричал больной, отдернув руку. — Дай, обойму тебя!., будем сражаться с смертию!..

— Боже, он умирает! — вскричали все женщины и выбежали вон.

— Что? нет надежды, Осип Иванович?

Посмотрим! Помогите держать руку его высокопревосходительства, — отвечал лекарь, и при помощи казначея и фельдшера снова натянули руку больного, и снова ланцет стукнул, а кровь брызнула струей.

— Смертельный удар! — вскричал больной в беспамятстве. Лекарь отскочил со страхом.

— Боже, что вы сделали! — произнес казначей.

— Тление объяло все мои члены!.. — продолжал беспамятный, вскинув руку, из которой лилась кровь. — Пожирающее время губит память мою! земля разверзается! Стой!., обрушим с собою землю! Она дрожит!., прочь!..

Судорожная дрожь обняла больного; долго продолжал он бредить; но слова его заглушались стуком зубов. Наконец умолк, впал в совершенное бесчувствие.

— Есть ли надежда, Осип Иванович? — спросил казначей.

— Увидим, что скажет ночь, — отвечал лекарь.

Целую ночь лекарь и казначей провели в дремоте подле больного. Под утро он пошевелился; глубокий вздох вылетел из груди.

— Слава Богу, будет жить! — вскричал лекарь.

— Жить! — повторил больной.

— Он приходит в чувство! — сказал, перекрестясь, казначей.

— Мне говорит мой государь, мой друг... верю... остаюсь жить... — произнес больной и продолжал что-то невнятно.

— Слышите? Друг государя! Его высокопревосходительство прямо из столицы! — прошептал казначей на ухо лекарю.

Больной снова заговорил что-то невнятно и потом продолжал:

— Знаю, государь... я... все благополучие полагаю в том, чтоб делать людей счастливыми... а теперь... ах, как я несчастлив!..

— Успокойтесь, ваше высокопревосходительство! Осип Иванович поможет вам, а у меня в доме вы изволите быть как у себя в доме...

— Тс! — прервал лекарь слова казначея. — Не говорите теперь с его высокопревосходительством, он еще не пришел в себя, оставьте его; он, кажется, заснул. Я между тем схожу домой отдохнуть и приготовить необходимую микстурку из хины; о, это новое вернейшее средство от всех болезней: все роды лихорадок как рукой снимает; а всякая болезнь есть не что иное, как лихорадка. Вы сами видите пример над его высокопревосходительством. Ушиб сам по себе есть не что иное, как наружное воспаление; а как ужасно его трясло; стоит только прекратить внутреннюю дрожь, и все кончено.

И лекарь отправился домой; но у ворот столкнулся он с городничим во всей форме, который торопился представляться генерал-губернатору.

– А! Осип Иванович!

– Куда вы?

– К его высокопревосходительству, донести о благосостоянии города.

– Невозможно! – вскричал лекарь. – Не может принять; он только что стал приходить в себя; лошади разбили его жестоким образом; но я принял все необходимые меры.

– Какие, сударь, меры с вашей стороны? Как начальник города я должен принимать все меры и первый явиться к его высокопревосходительству для получения приказаний!

– Как вам угодно, господин городничий: я не буду виноват, если его высокопревосходительство не выздоровеет! – отвечал лекарь.

Городничий вошел в переднюю. Казначей вышел к нему на цыпочках.

– Тс! его высокопревосходительство уснул.

– Я удивляюсь, господин казначей, – сказал городничий строгим тоном, – каким образом вы осмелились предложить его высокопревосходительству дом свой и вмешиваться в распоряжения полиции!

– Помилуйте, – отвечал казначей, – его высокопревосходительство в глазах моих разнесли лошади, и я поднял его подле моего дома всего разбитого, без памяти...

– Тем хуже, сударь! Без ведома полиции вы не смели поднять на улице человека беспамятного и тем более внести в свой дом! Мое дело было исследовать, кто такой лежит на улице в бесчувственном состоянии и, узнав, что генерал-губернатор, отвести ему приличную квартиру, а не лачужку, сударь!.. Это происки, государь мой! Вы подкапываетесь под свое начальство; вы человек беспокойный, вы не знаете подчиненности! Генерал-губернатор у вас в доме, а вы смеете быть в халате! Я донесу, сударь, на вас! Ей, хожалый! как только его высокопревосходительство проснется, донести немедленно мне!

Городничий скорыми шагами вышел из передней, отправился в полицию приводить все в порядок.

Казначей в самом деле испугался слов городничего и раскаивался, что вмешался не в свое дело.

Казначей был добрый человек, ученый человек; был большой

антикварий по части законов, и это повредило ему, перессорило со всеми.

Он читал Правду Русскую, Устав святого князя Володимера, Судебник царя Ивана Васильевича и знал, что чин казначейский издревле был важный чин, что некогда главною должностию казначея было хранить государево платье и оберегать оное от волшебства и чародейства.

С городничим поссорился он за то, что сказал ему, что искони городовые воеводства, т. е. городничества, давались вместо жалованья и кормления из милости, для нажитка и что в челобитных о воеводствах писали: прошу отпустить покормиться; и что воеводы судили прежде вместе с старостами и целовальниками.

Последнее было принято городничим за смертельную обиду. Он почел это за упреки в нетрезвости, ибо казначей не потрудился ему объяснить древнего значения слова целовальник.

С стряпчим городового магистрата казначей поссорился за то, что, объясняя ему старинную должность стряпчего – одевать, обувать, омывать и чесать государя и за неимением карманов носить носовой царский платок, осмелился прибавить, что стряпчие прежде были под началом у ключников.

С своим начальником казначей жил в худом ладу за то, что не ставил в книгу расхода сумм, издержанных им не на казенные потребности.

Таким образом, казначей, не предвидя добра быть бельмом на глазу у своих начальников и сослуживцев, хотел просить его высокопревосходительство о переводе его в другой город.

Глава V

Между тем колодник, занимавший место писаря в полиции, отведен в острог; шкаф, наполненный вместо дел, валявшихся на столе и под столом, остатками ужина, куском жареной говядины, раскрошенным хлебом и бутылкою с чем-то, очищен; непроспавшаяся команда поставлена на ноги; письмоводитель с синим носом, после нескольких начальнических тычков, сел составлять рапорт о благосостоянии города и список колодников, содержащихся в остроге; часть полицейской команды побежала ловить по городу подводы и рабочих людей для чищения улиц.

Из магистрата и прочих судебных мест также вынесена не принадлежащая к производству тяжебных, уголовных и письменных дел посуда и утварь. Судьи принялись повторять зады, составлять задним числом журналы и подводить итоги в шнурованных книгах.

Когда дошло известие о прибытии в город генерал-губернатора до командира гарнизонного округа, до подполковника Адама Ивановича, сердце старика обдалось ужасом.

Гарнизонный солдатик стоял в почтительном положении, руки по швам, близ дверей, и в молчании ожидал начальничьего приказания.

– Уж не приехал ли с ним и наш генерал? – произнес наконец окружный командир.

– Не могу знать, ваше высокоблагородие! Полицейский посыльный того не говорил; може приехал, а може и нет!

– Был ты у Ивана Ивановича?

– Был, да его благородия нет в квартире!

– Боже мой! нет в квартире! Что ж я буду делать!.. Беги, ищи его, скажи, что окружный командир приказал просить его к себе! – вскричал, расходясь по комнате, Адам Иванович.

– Слушаю, ваше высокоблагородие!

И гарнизонный солдатик, приложив левую руку к тесаку, поворотил налево кругом, притопнул правою ногою и отправился было вон; но окружная командирша, прибывшая из гостей, столкнулась с ним в дверях и остановила левую его ногу, подъятую для скорого марша, следующим вопросом:

– Зачем ты здесь? а?

– К его высокоблагородию! – отвечал солдатик, вытянувшись во фронт.

– От кого?

Из полиции. Его превосходительство приехал, губернатор.

– Губернатор? Ах Боже мой! Что ж ты, Адам Иванович, задумался? а? ведь ты командир! твое бы дело собрать команду да представить!

– А вот, мой друг, придет Иван Иванович; распоряжения должны идти по команде.

– Без Ивана Ивановича и дело не обойдется! – вскричала окружная командирша. – То-то разиня начальник! подчиненный что хочет, то и делает! Сел тебе Иван Иванович на шею! Без Ивана Ивановича солдат из кухни начальника лохани не смей вынести, не только что-нибудь на хуторе сработать! Что ж, сударь... что не бежишь сам к Ивану Ивановичу? Посмотрю, как-то ты натянешь свой изношенный мундиришко? В двадцать лет службы не выгадал ни жене, ни себе на порядочное платье!..

Окружная командирша не умолкала до самого прибытия Ивана Ивановича.

Иван Иванович, лихой поручик, лет сорока от роду, в бледно-зеленом мундире, с парою свесившихся на грудь желтых, с кованым почерневшим ободочком, эполет, вошел в комнату; огромная шпага его, как палаш, стучала об ноги и об пол; в треугольной его шляпе торчала репица бывшего черного пера; левый глаз его щурился, левая часть рта подергивалась, бакенбарды отвисли, как мохнатые уши легавого пса; лоб морщился.

– Что изволите приказать? – произнес он, воткнув указательный палец правой руки между 3-й и 4-й пуговицей.

– Ах, любезный Иван Иванович! Вы слышали, что приехал генерал-губернатор? Должно сделать надлежащее распоряжение и отдать приказ по команде.

— Действительно-с так, потому что по случаю прибытия его высокопревосходительства команда имеет быть собрана во всей амуниции и в предписанном порядке представлена для инспекторского смотра, который имеет быть учинен. А также по случаю прибытия его высокопревосходительства имеет быть назначен почетный караул к занимаемому его высокопревосходительством дому.

— Так, так, Иван Иванович; следовательно, вы назначите караул.

— Да не благоугодно ли будет представить рапорт о благосостоянии команды, о числе постов и больных?

— Так, так, Иван Иванович, конечно, мне должно представить рапорт о благосостоянии вверенной мне команды.

— Кстати, Адам Иванович, вы бы изволили представить его высокопревосходительству, что городничий осмеливается распоряжаться гарнизонной командой мимо начальства и брать без вашего ведома солдат на съезжу.

— Да, да, Иван Иванович, справедливо; в следующий приезд его высокопревосходительства я донесу обо всех злоупотреблениях полиции, а на сей раз мы подадим только рапорт о благосостоянии команды...

— Как вам угодно, а я бы в глаза сказал городничему: как он осмеливается делать такие вещи!..

— Я скажу ему, скажу! он не смеет этого делать! – сказал Адам Иванович, заходив по комнате.

— Так как же? Прикажете завтра поутру собрать команду на площадь?

— Да, да, непременно на площадь, во всей амуниции.

— Пойду в пакхауз да велю почиститься да побелиться.

— Хорошо, хорошо, Иван Иванович, прикажите, чтоб все было в надлежащей исправности и чистоте.

Поручик отправился, а господин окружный командир, довольный своими распоряжениями, набил наследственную пенковую трубку кнастером и стал раскладывать гран-пасиянс.

Глава VI

Настало утро. Поручик Иван Иванович, перетянутый нитяным шарфом, ходит с обнаженной шпагой по фронту гарнизонных солдатиков, равняет линию и ожидает окружного гарнизонного командира.

Сопровождаемый вестовым, является наконец Адам Иванович, в огромных ботфортах со шпорами, в лосиных панталонах, заменяющих белые суконные, в бледно-зеленом мундире с дутыми пуговицами и с желтым стоячим воротником, который от времени сделался откладным, в треугольной шляпе, опрокинувшейся назад;

перетянутый трехцветным шарфом, как будто для поддержания живота, Адам Иванович походил на Карла XII.

– Здорово, ребята! – вскричал он, подходя к фронту.

– Здравия желаем! – крикнули солдатики.

– Прикажете сделать репетицию? – сказал поручик, подошед к нему и приложив руку к шляпе.

– Репетицию, репетицию! – отвечал важно окружный гарнизонный командир.

– Смирно!.. Смотрите, ребята, не робеть! делать, что скомандует Адам Иванович! – сказал поручик, обращаясь к фронту.

– Извольте командовать, Иван Иванович!

– Что прикажете? – отвечал поручик, приложив руку к шляпе.

– Извольте командовать... по принадлежности.

– Слушаюсь! – отвечал поручик. – Смотри же, ребята, не робеть; делать, что я буду командовать, – вскричал он, обратясь к команде.

И поручик встал уже перед фронтом, вложил шпагу в ножны, вытянулся, откашлянул, разинул рот:

– Слу-у-у-у...

– Помилуйте! Адам Иванович! – прервал его звонкий голос городничего, скакавшего по городу для восстановления порядка и остановившегося перед фронтом подле окружного командира. – Помилуйте, вы по сие время не назначили караула к его высокопревосходительству, не отправили даже вестовых и ординарцев!

– Я свое дело очень знаю! – отвечал сердито Адам Иванович вслед за удаляющимся городничим. – Иван Иванович, извольте назначить караул, вестовых и ординарцев к его высокопревосходительству.

– Ребята, кому следует на караул? выходи! – скомандовал поручик.

И солдаты завели спор, кому следует идти в караул.

– Не прикажете ли, Адам Иванович, поставить две будки к воротам его высокопревосходительства?

– Непременно, непременно! да не забудьте назначить двух часовых к экипажу его высокопревосходительства.

– Слушаю-с! – отвечал поручик. Адам Иванович отправился, сопровождаемый вестовыми, к его высокопревосходительству.

Между тем все чиновные и служебные люди города, члены купечества и городской голова нахлынули в дом казначея и на цыпочках вошли в малую залу. В мундирах, с подобострастною важностию на лицах, построились они по старшинству у дверей комнаты, держась левою рукою за шпаги, а тремя пальцами правой придерживая по форме треугольные шляпы.

Наблюдая почтительное молчание, они смотрели на притворенные двери гостиной.

Приемная зала есть также сфера солнечного мира, в которой носятся планеты разной величины и свойства. Быстрый и яркий Меркурий носится из кабинета в приемную, из приемной в кабинет, крутится бесом около Солнца, важен чужим светом; чиновный Юпитер, по уши в шитом воротнике, с четырьмя своими спутниками, расставив ноги, глядит на всех свысока; заслуженный, лысый Сатурн, приобретший за долговременную службу и понесенные труды светлый ореол, сидит молчаливо и важно в углу залы; холодный Уран, с синим носом, угрюм и мрачен, стоит в другом углу; он в немилости у Солнца, на него никто не смотрит, никто не видит его, кроме наблюдательных астрономов и семи жалких подчиненных. Марс, в красном воротнике, заложив палец за мундирную пуговицу, надут и рдян, стоит, вытянув неподвижную шею и передвигая вправо и влево зрачки, готовые всегда встать во фронт перед ясными очами начальника. Все прочие малой величины планеты и спутники, как неподвижные звезды, рассыпаны по зале, стоят в почтительном положении, посматривая на восток, ждут Солнца. Люцифер повещает его... Взойдет оно, и важность планет исчезает, их не видно, в зале как будто никого нет, кроме Солнца.

В зале казначея вся эта процессия была проще, провинциальнее.

Но вот дверь в гостиную отворилась, все вздрогнули, вытянулись...

Вышел казначей.

– Тс! – произнес он тихо. – Его высокопревосходительство не могут принимать теперь, они уснули.

Все на цыпочках подошли к казначею, обступили его, осыпали вопросами; но его начальник, председатель магистрата, имеющий полное право на его особу, воспользовался этим правом, взял своего подчиненного за руку и отвел в сторону для допросов.

– Боже мой! – раздался громкий голос из гостиной. Председатель отскочил от казначея, рассыпавшийся фронт чиновников построился снова, казначей бросился в гостиную. Подле постели стоял лекарь с ложкой микстуры, которую он хотел влить в рот больного.

– Она совсем почти лишила меня рассудка и вольности, похищает то время, которое я обязан посвящать должности, возложенной государем и отечеством!.. – произнес больной и продолжал что-то невнятно и вдруг, взбросив голову, вскочив с места, вскричал: – Что я вижу? это дом Софии? Это храм, где обитает божество души моей!..

Лекарь взглянул на казначея, казначей весь вспыхнул. "Не понимаю, – подумал он, – когда его высокопревосходительство был у нас и видел дочь мою!"

Городничий, услышав голос его высокопревосходительства, не утерпел. "Я – начальник города, я должен явиться к генерал-губернатору, да и что ж за такая особа казначей, что смеет входить к его высокопревосходительству без доклада!" – думал он и вошел в гостиную.

Больной бросил на него взор и вскричал:

– Кто ты, дерзкой!

– Ваше высокопревосходительство... я... городничий... честь имею.

– Кто осмелился лишить меня первого в жизни удовольствия? Говори! – продолжал больной грозным голосом.

– Не могу знать, ваше высокопревосходительство!.. Я не был предуведомлен о вашем приезде... У меня и квартира готова для вашего высокопревосходительства... постоянно шесть лет исполняю я должность свою с рачительностию...

Во время слов городничего казначей и лекарь стояли в почтительном положении, вперив очи в землю; а больной продолжал что-то говорить про себя и вдруг произнес вслух, прервав слова городничего:

– Что ж ты мне скажешь?

– При сем имею честь представить рапорт о благосостоянии вверенной мне должности...

Слова его прервал окружный гарнизонный командир. Вступив в комнату в кивере, он мерными шагами подошел к дивану, приложил руку к козырьку и произнес громко:

– Вашему высокопревосходительству честь имею...

– Сделайте милость, оставьте меня! – вскричал больной умоляющим голосом.

Адам Иванович отступил, замолк, затрясся.

– Неужели все против меня? Неужели все согласились на мою погибель? Погибель! нет!.. – и с этими словами, кинув грозный взор и сбросив с головы повязку, продолжал скороговоркою бессвязные слова.

Городничий, Адам Иванович, казначей и лекарь молчали, не смея поднять глаз.

– Что это значит! – продолжал опять больной явственно. – Все за мной ходят и не хотят ни на час меня одного оставить!..

Городничий, Адам Иванович, казначей и лекарь, исполняя волю его высокопревосходительства, вышли из комнаты, а он продолжал говорить что-то громко, с сердцем.

– Пойдемте, господа, – сказал городничий, – его высокопревосходительство предубежден против нас. Это каверзы господина казначея.

– Напрасно изволите говорить, напрасно! – повторял казначей вслед за уходящими.

Глава VII

В спальне казначея был ужасный спор между ним и его женою.

– Полно, сударь! ты думаешь только о своей дочери, а мою ты готов на кухню отправить, сбыть с рук, выдать замуж хоть за хожалого. Я своими ушами слышала, как он произносил имя Ангелики.

– Помилуй, душенька, я могу тебе представить в свидетели Осипа Ивановича. Как теперь слышу слова его высокопревосходительства: "Это дом моей Софии, моей дражайшей Софии!"

– Ах ты этакой! Так ты и последний домишко хочешь отдать в приданое своей возлюбленной Софии!.. Нет, сударь, этому не бывать!..

– Прямая ты мачеха! Бог с тобой! По мне все равно: и Ангелика моя дочь; впрочем, кто тебя знает...

С сердцем казначей вышел из комнаты, не кончив речи.

– Лысый чорт! Сам в себе сумлевается! – проворчала казначейша и кликнула Ангелику.

– Принарядилась? Вот так! хорошо; косыночку-то поспусти немного на плечики. Ну, ступай; скажи, что я, дескать, лекарства хочу дать вашему высокопревосходительству.

Вятской породы, рябенькая, одутловатенькая, Ангелика, получив наставления от матери, вошла в комнату больного. Он лежал в забывчивости, глаза его были устремлены в потолок. Ангелика стукнула склянкой.

Больной оглянулся, привстал и произнес, устремив на нее взоры:

– Пойду к ней... да не подозрительно ли?., нет!.. Смею спросить, сударыня, о чем вы изволите беспокоиться?

– Лекарство вашему высокопревосходительству...

– Да вы на кого-то жаловались?

Ангелика вспыхнула. "Боже! – думала она, – он слышал, как я жаловалась на Софью матушке".

– Никак нет-с, я не жаловалась; у меня нет ни на кого сердца.

– Если угодно, я могу служить вам своим.

– Я не стою, ваше высокопревосходительство...

– Любовь! – вскричал он, отворотив голову в сторону. – Теперь вспомоществуй мне! – и, обратись к Ангелике, продолжал: – Ах, сударыня, вы не откажете мне в вашей услуге!..

– Что вам угодно приказать?

– Открою вам тайну, меня угнетающую... ужасаюсь!.. Я б хотел открыть вам мое сердце, но язык не повинуется моему желанию...

– Если вы мне сделаете честь... мое состояние...

– Не в моей воле открыть вам причину моего беспокойства... Оно началось в тот самый день, как в этом доме было печальное происшествие...

"Когда умерла бабушка, меня здесь не было; я с матушкой была на ярмонке; только сестра оставалась", – подумала Ангелика и вспыхнула.

– Я видел божество, которого прелести ввергли меня в это бедствие.

– Я не знаю-с! – отвечала с сердцем Ангелика. – Может быть, моя сестра София...

– По крайней мере, в вашей воле дать случай в последний раз на нее взглянуть! – сказал больной, смотря на нее неподвижными глазами.

– Извините-с! – произнесла, вспыхнув, Ангелика и, присев с презрительной улыбкой, выбежала из комнаты...

– Это ужас! – вскричала она, хлопнув дверью. – Он требует, чтоб я дала случай видеться ему с Софией.

– Видишь ли, мой друг? – сказал казначей, входя в комнату. – Не я ли тебе говорил?

Очень рада, сударь, что свел дочку свою с вельможей; она годна на все руки! – вскричала казначейша.

Между тем больной что-то говорил вслух; слова: "а после приведи ко мне доктора, да как можно поскорей!" – громко раздались.

Казначей бросился к нему.

– Что угодно вашему высокопревосходительству? – произнес он тихо.

Больной, склонясь на подушки и смотря в потолок, продолжал:

– Слабость моя уменьшается...

– Слава Богу, ваше высокопревосходительство! – сказал казначей, сложив руки и поклонившись. Больной продолжал:

– Силы подкрепляются какою-то надеждою... Конечно, Софья в безопасности. Ах, если бы исполнилось предчувствие! Всесильное существо! какую принесу тебе благодарность, когда увижу в своих объятиях дражайшую Софью! чу, я слышу ее голос!..

– София, София! – вскричал казначей, выбежав в спальню и схватив Софию за руку. – Ступай, поднеси его высокопревосходительству лекарство.

София, добренькая, скромненькая девушка, с голубенькими глазами, на которых еще светились слезы от брани мачехи, втолкнутая отцом в комнату больного, остановилась и закрыла платком лицо.

– Я жив еще, любезная София! жив еще! не мучься! – вскричал больной, протягивая к ней руки. – В каком она исступлении! а, это от любви ко мне!.. О, сердце мое раздирается болию и досадой!..

– Куда ты, София! – прошептал казначей, удержав дочь свою, которая хотела выбежать. – Извините, ваше высокопревосходительство, моя София немного застенчива.

– Не беспокойся, дражайшая! мне оставлена жизнь... благодари провидение!.. тьфу, дурак суфлер не подсказывает... Как бишь?..

– Батюшка! пустите меня! – произнесла София, вырываясь из рук отца.

– Я жив, – продолжал больной, – и жив для того, что тебе это драгоценно...

– Слышишь, глупая! – шепнул казначей на ухо дочери.

– Теперь помоги мне встать, любезная София! Самому мне не позволяет слабость...

– Позвольте, я, ваше высокопревосходительство, приподниму вас! – С этими словами казначей бросился помочь больному привстать, а София выбежала вон из комнаты.

Приподнявшись с дивана, больной устремил глаза на казначея, долго что-то шептал про себя; потом вдруг, схватив подушку и приподняв ее, вскричал:

– Что! Или ты, варвар, затем пришел сюда, чтоб докончить свои злодеяния?

– Ваше высокопревосходительство! милостивейший государь!., я ничего-с!.. – произнес казначей, затрепетав, как лист.

– А где государь?

– Не нам, мелким людям, а вашему высокопревосходительству довлеет знать сие, – отвечал казначей, почтительно поклонясь.

– Как можно, чтоб государь дал тебе команду надо мною?.. – вскричал снова больной.

– Не смею и думать, ваше высокопревосходительство; я человек подкомандный, всеми распоряжается сам председатель...

– Я сам к нему сейчас еду! – вскричал больной и вдруг вскочил с дивана, накинул на левое плечо сертук, который был сдернут с руки для пускания крови, схватил лежащую шляпу казначея и скорыми шагами вышел вон из комнаты. В передней вскочили с мест слуги, вытянулись во фронт гарнизонные вестовые и ординарцы, у ворот часовые ударили темп на караул, махальный дал знак гауптвахте, которая была вблизи на площади.

Его высокопревосходительство отправляется скорыми шагами по улице на площадь.

Глава VIII

Между тем в городе служебная деятельность необыкновенна, исправность по службе дивная, порядок примерный; во всех усердие, достойное внимания вышнего начальства; в магистрате и судах все в мундире и при шпаге, регламент ожил, перед зерцалом чинят и вчиняют правду по законам, судят и рассуждают о делах, а не о вчерашнем дне и городских новостях; в городовой больнице лекари щупают пульс каждого больного, лекарство прописывается не для всех одно, диета не общая; гарнизонная команда на площади, учится учебному шагу; полицейская команда на стороже. Городничий подписывает рапорты, доношения и отношения, квартирные билеты и отправления колодников по этапам; занятия его прерывает вошедший антрепренер театра глубоким поклоном.

– Здорово, любезный! Что это? афишка нового представления?

– Никак нет, ваше высокоблагородие, просьбица!

– Иванов, возьми и читай! – сказал городничий, продолжая подписывать бумаги.

Письмоводитель начал читать:

– По титуле: вольноотпущенного Якима Прохорова Козырина прошение; а о чем, тому следуют пункты: 1-е. Быв по рукомеслу актер и поступив в директоры, си-речь содержатели вольной труппы, я производил на сцене разные пьесы, как-то: комедии, оперы, трагедии, к совершенному удовольствию публики, на ярмарках и в провинциальных городах Всероссийской империи, имев на то повсюду дозволения местного начальства, на собственный кошт, с различными декорациями и костюмами. 2-е. В прошлый год, на Ростовской ярмарке поступил в труппу дирекции моей мещанин Корнелий Иванов Зарецкий по контракту с тем, дабы быть на моих хлебах и играть трагические роли, а когда нужда воспоследует, то и комические; в случае же отсутствия или болезни оперного артиста труппы моей, отставного баса певческой кафедрального собора, имеет он, Зарецкий, и петь. Несмотря на сие, он, Зарецкий, по прибытии в сей город, от должности своей скрылся и снес от меня, содержателя, разные костюмы, а именно: бархатные штаны, сертук синего сукна с красным стамедным подбоем, жилет зеленый шелковый шитый, на сертуке три звезды фольговые, шитые канителью, и сверх того забрал вперед денег сто двадцать рублей; коего прошу оную полицию отыскать и, поступив по законам, вышеозначенные вещи и деньги мне возвратить. К поданию надлежит в городскую полицию. Прошение сочинял и переписывал со слов просителя сам проситель. К сему прошению руку приложил и т. д.

– Ты, братец, не выставил в просьбе, сколько ему от роду лет, какие приметы, женат или холост, где приписан к мещанству!.. Это вещи, необходимые для полиции; по сим соображениям мы составим отношение в тот город.

– Ваше высокоблагородие! вот его паспорт.

Все равно, братец, – отвечал городничий, продолжая подписывать бумаги, – в просьбе должно быть все упомянуто. То-то, братец, чем бы самому сочинять и переписывать просьбу, ты бы обратился к человеку, знающему это дело.

– Позвольте, я вам напишу, – сказал письмоводитель, – это пустого стоит.

Вдруг на улице раздался шум.

– Узнать, что там такое! – вскричал городничий, продолжая подписывать бумаги.

Квартальный и служители полиции бросились вон и не возвращались: любопытство и обязанность повлекли их вслед за народом, который сбегался на площадь и сгущался в толпу около неизвестного человека в треугольной шляпе. Сквозь народ заметны были только сверкающие его глаза и движения рук. Исступленным, страшным голосом он произносил:

– ...Великолепный город!.. Какое величие управлять им, блистать над ним подобно царственному дню!.. Погрузить в этот бездонный океан все клокочущие страсти, все ненасытные желания!.. Пропасть!.. Повергните в нее все, что только человек имеет драгоценного!.. Ваши победы – завоеватели; ваши бессмертные произведения – художники; ваше сластолюбие – эпикурейцы; ваши моря и острова – мореплаватели!.. Дож! Какое блаженство стоять на этой ужасно возвышенной точке. Взирать на бурную пучину, где колесо слепой обманщицы вертит обстоятельствами людей! Какой восторг испить первому из чаши радости!.. Какое величие укрощать тонкою уздою неукротимые страсти людей, одним дуновением превращать в прах вздымающуюся гордость вассала!.. Раздроби гром на простые звуки, и ты усыпишь им детей; слей их в один внезапный удар, и величественный звук потрясет вселенную!..

– Ваше высокоблагородие, ваше высокоблагородие! – вскричал

прибежавший запыхавшись писарь полиции. – В городе страшный беспорядок; какой-то в азарте чинит буйство на площади...

– Как! – вскричал городничий, схватив шляпу и шпагу со стола. – Собрать всю команду!.. Послать к окружному командиру, чтоб шел с солдатами на площадь!.. За мной!.. – И с этими словами городничий бросился, как угорелый, на площадь.

Между тем неизвестный продолжал:

– Неужели я, я, Фиэско, убил жену свою!.. О, заклинаю вас! Не смотрите, подобно бледным привидениям, на эту игру природы! Благодарю, Всевышний! Есть случаи, которых человек не может страшиться, потому что он человек!.. Кому отказано в восторгах божественных, тому неужели суждено терпеть мучения дьявольские?

– Вот он, вот, – раздался голос в толпе, стоявшей с открытыми головами.

– Вот он! Он убил свою жену.

– Молчи!.. Куда?.. – продолжал неизвестный, схватив одного попятившегося назад жидка за шиворот и отбросив его в толпу.

– Схватите его, схватите! – кричал полицейский офицер, продираясь сквозь народ.

– Превратись язык твой в крокодила! – заревел неизвестный, бросясь на полицейского чиновника. – Ступай в бездну адскую!..

Полицейский чиновник увернулся и с подобострастием замолк, вытянулся во фронт: его испугал не сам неизвестный, но сиявшие на груди его три звезды.

– Схватите его, схватите! – раздался издали голос запыхавшегося городничего. Но народ отхлынул от неизвестного, когда, заскрежетав зубами, он произнес:

– Прочь, прочь, лица человеков! О! если б мироздание попалось в мои челюсти! Человек!.. С какою радостию стоит это гнусное порождение и благословляет судьбу свою, что она не подобна моей! – продолжал неизвестный, указывая на стряпчего, который, растолкнув толпу, только что выбрался вперед. – На одного меня обратилась вся злоба ада!.. Брат! – продолжал он жалким голосом, ударив босого жида в лохмотьях по плечу. – Благодарю тебя, Всемогущий, здесь есть еще один, которого разразил этот гром!..

– Зарецкий! – раздался новый голос в толпе. Это был содержатель походной труппы. – Вот он, вот он! – вскричал он, продравшись сквозь толпу и обхватив неизвестного. – Он пьянствовал! Я узнал его по монологу из Фиаско! Нашел место декламировать!.. Вот и костюм театральный и мои звезды! Счастье, что не пропил!..

Выведенная содержателем театра из недоумения полицейская команда обсыпала несчастного Зарецкого.

– Скрутите ему руки назад! – вскричал торжественно городничий. – Ведите в полицию для допроса.

Влекут несчастного Зарецкого. Невнятный, отрывистый его голос, сопровождаемый сверкающими очами, не слышен в шуме преследующей его толпы.

88

Глава IX

Бедного Зарецкого привели в полицию; толпа народа обступила полицейский дом; крик, шум, толкотня. Городничий, заняв свое место, приказал ввести преступника в судейскую, приказал письмоводителю приготовить бумагу для допросов.

Два будочника ввели Зарецкого; за ним вошел содержатель театра.

Городничий
Имя твое?

Зарецкий (в сторону)
Господи, Боже мой! ошибка! и где же? на сцене, во время представления! Он должен был сказать: имя ваше? (К городничему). Конрад Туринский.

Содержатель театра
Он пьян... ваше высокоблагородие... Он повторяет роль свою из драмы "Вольные судьи".

Городничий
Тс! Никто не перебивай слов моих! Звание?

Зарецкий
Имперский барон и член сего судилища.

Городничий
Как? что? новый подлог? Хорошо! (К письмоводителю.) Пиши. (К Зарецкому.) По какому случаю прибыл в сей город?

Зарецкий (в сторону)
Боже! Он не знает своей роли! Он и меня собьет с толку! (К городничему.) Защищать мою невинность и занять место!

Городничий
Хороша невинность! О, друг, ты займешь место в тюрьме!

Зарецкий (в сторону)
Чорт знает, что он говорит! Дураку дали роль Вольного судьи. (К городничему.) Какое мое преступление?

Городничий
Как? какое преступление? Запираться! Нет, приятель! Свидетель целый город... Говори, каким образом и с какой целью уговорился ты с господином казначеем сыграть роль генерал-губернатора! А?

89

Зарецкий (в сторону)

Врет! Я? роль генерал-губернатора? (К городничему.) Где ж мой обвинитель?

Содержатель театра

Да он, ваше высокоблагородие, спьяна бредит ролями, которые играл в театре.

Городничий

Тс! тем лучше, что у трезвого на уме, то у пьяпого на языке. (К Зарецкому.) Отвечай на вопрос: с какою целию? а? Не с тою ли, чтоб похитить казенные суммы и вместе скрыться?.. Да!., я и позабыл было. (К квартальным.) Извольте отправиться немедленно, сейчас же и без малейшего отлагательства арестовать казначея. Если он скроется, то вы будете отвечать. Слышите ли? (К Зарецкому.) Ну, говори, с какою целию? А?

Зарецкий (в сторону)

Не то! (К городничему с удивлением.) Какой звук голоса!

Городничий

Говори! Что ты будешь на это отвечать?

Зарецкий

Что судилище слишком справедливо, чтоб наказывать заблуждения или чтоб расставлять сети.

Городничий

Какая дерзость! сети!..

Зарецкий (перебивает)

Да, сети! Всей Германии известны связи дружбы, родства...

Городничий (перебивает)

Связи дружбы и родства! А! наконец! (К писарю.) Пиши: "связи дружбы и родства!.." Пиши! Вот оно что! теперь-то объяснилось.

Зарецкий (в сторону, с сердцем)

Гадит, портит! Но дал всего высказать!

Городничий

А что казначей обещал тебе за это?

Зарецкий (в сторону)

Вместо: вы это обещали? Чорт знает, что говорит! (К городничему.) И сдержал слово; он был мой друг...

Содержатель театра

Да он, ваше высокоблагородие, декламирует роль из Вольных судей.

Городничий
Тс! молчать! Здесь не вольный, а казенный суд!

Зарецкий (продолжает)
Мой гость, а я изгнал его; он простирал ко мне руки, а я умерщвлял его...

Городничий (перебивает)
Позднее раскаяние!

Зарецкий (в сторону)
Совсем сбил меня! Что бишь? да! (К городничему.) Должен ли он умирать два раза, два раза переносить томление при смерти! Кто б ты ни был... если это твое мнение, то у тебя сердце людоеда! (Бросается к городничему.)

Городничий (вскочив с места, с ужасом)
Он убьет! Схватите его! Он убьет!.. Закуйте его в железа! Тащите его в тюрьму! колодки на ноги!..

Содержатель театра
Ваше высокоблагородие! он пьян, он спьяна это все наделал. Извольте прослушать, он говорит не свои слова, это роль...

Городничий
Рогатку на шею! а завтра в кандалах представить его для вторичного допроса и личной ставки с казначеем! Разбой среди белого дня!
– Глава Х
Заключение
В тюрьму к Зарецкому тайно приходила добродетельная преступница. Она застала его в беспамятстве, бросилась в его объятия, вскричала, как Ангелика:
– Роланд! взгляни на скорбь мою о тебе!., успокойся, друг мой!..
А он отвечал:
– Здравствуй, здравствуй, благородная дочь дикого Сакрипанта! здравствуй!.. Как! ты одна убежала от твоего отца?..
А она, видя, что нет надежды возвратить бедному Роланду-Зарецкому рассудок, произнесла горестно, как Ангелика:
– Несчастный! – и удалилась из тюрьмы скорыми шагами, чтоб не опоздать на репетицию.
Настоящий генерал-губернатор, до которого дошли слухи об этом происшествии, смеялся над ним от души и велел перевести Роланда-

Зарецкого из тюрьмы в сумасшедший дом, а казначея переместить в другой город.

По сю пору казначейша во время ссоры с мужем посылает его навестить зятя своего в Москве в желтом доме; а Зарецкий без отдыха декламирует, то воображая себя честолюбцем Фиэско, заносит преступную руку на Джианеттино, поражает стену кулаком, клянет судьбу над трупом Розабеллы, низвергается в море с кровати и лежит без памяти на полу; то, вдруг очнувшись, является маркизом Лафастом и клянется в любви Софии; то перед лицом Вольного судилища защищает права и невинность имперского барона. Но в роли Неистового Роланда он превосходит самого себя; все сумасшедшие, находящиеся с ним в одной камере, забывают свою манию – музыкант перестает перебирать на воздухе клавиши; духовидец забывает ловить за хвост чертиков, которые садятся ему на нос; у поэта выпадает из рук воображаемое перо; оратор не откашливает слова, которое остановилось у него в горле, – и все внимательно, безмолвно, разинув рот, дивятся исступленному искусству Зарецкого.

Алёнушка

I

Приятель мой Северин, по выражению г-жи Жанлис, произошел на свет от благородных родителей, от Петра Ильича и Евлампии Федоровны.

Богач Петр Ильич жил открыто, двор его был всегда полон экипажей, передняя полна слуг, часто в пунической ливрее. В одной гостиной зеркала во всю стену отражали образы превосходительств и сиятельств с их семействами, в другой гостиной в золотых рамах заключались головы Рембрандта, неблагопристойности фламандские, огородные овощи Шнейдера, извозчики Орловского, море Вернета, баня Тициана, и все это оригинальное, нисколько не копия. Тут же бюст Венеры Калипиги, тут же все амуры, порожденные от Юпитера, от Марса, от Меркурия, от Адониса, от Аполлона, от Зефира, от Александра, амуры с крылышками птичьими, мотыльковыми, без крылышек, вооруженные колчаном, лучком и стрелой, и амуры мирные, не вооруженные. В буфете на сто персон серебра, фаянсу и хрусталя, в кабинете натуральная история по части окаменелых грибов, в шкафах в красном переплете фолианты французских писателей прошлого века, за стеклами, и отвратительный крик попугаев по всем окнам, и коверканье африканского пигмея.

Много было забот и хлопот у Петра Ильича, но втрое было забот у Евлампии Федоровны. И кто не согласится, что заботы жизни общественной ужасны. Завести знакомства, поддержать знакомства, хитро уклониться от знакомств, уметь принять гостя, уметь выжить гостя, быть многоречивым и не обмолвиться, не отстать от моды, знать ее тоны и приличия, обратить на себя внимание и не показаться странной; знать, кому оказать на деле честь, кому на словах одолжение, и мало ли, мало ли труда и забот; едва достанет времени на отдых и на туалет: весь день на визитах, вся ночь на выставке моды, только от утра, золотого утра, святого утра, скрываются тени в раззолоченные свои гробы.

Безбожно истреблять богатство жизни и потом жаловаться на бедность сил, на слабость здоровья, на небо!

В роскошном быту родился Северин. За ним ухаживали, его учили подданные трех просвещенных наций Европы, он был вполне предоставлен им; отец и мать жили в водовороте большого света.

Их жизнь стоит описать подробно. Я короток был в доме.

Как ни хорошо, казалось, шли дела Петра Ильича, вокруг него было тепло всем, кто принадлежал к сфере его, однако ж судьба вздумала сделать надлежащие во всем исправления и перестройки.

Петру Ильичу не жилось трудами двух тысяч наследственных рук, он вздумал и сам трудиться. Прослышал он, что сосед его, удобрив землю известью, утроил урожай полей, и вздумал удесятерить плодородие своих земель. Сам поехал он распоряжаться в поместье. Закупил на наличный капитал и в долг несколько барок извести, выписал арнаутки, убелил известью свой чернозем, засеял и на другой год проклял все нововведения; на третий год сделал заем под залог именья, на четвертый продал именье за половинную цену, пустил капитал в оборот, по совету истинных друзей своих, и оборотил свое благосостояние вверх дном.

Таким образом года в два, в три измерял он шагами высоту прежнего своего состояния от поверхности моря.

У Петра Ильича, как у богатого человека, были и долги, и должники; долги без зазрения совести пришли к нему и, как Бальзак, описали дом и все в доме его до нитки, а должники были искренние его приятели, люди в чести и в ходу, которым не напоминают о долгах.

Как ужасна высота, измеряемая расстоянием излишества от недостатка! В какой продолжительный обморок впала Евлампия Федоровна, когда Петр Ильич предложил ей переехать на новоселье. Он нанял, с горем пополам, мещанский домик на канаве. Куда делись гувернеры, dames de compagnie[38], швейцары, maître d'Hôtel, valet de chambre[39] и весь причет, вся эта моль в человеческих образах.

---

[38] компаньонки (франц.).
[39] метрдотель, лакей (франц.).

Затмится счастие, точно как солнце, куда денутся блеск и лучи!

Петр Ильич, как голая истина, перебрался сам-третей из каменных палат под деревянную кровлю. Никто из друзей-должников и не думал спасти его от потопления. А сам он не просил никого подать ему руку помощи; природа создала его предобрым, пребеззаботным существом, он бы и не призадумался при перемене обстоятельств и квартиры, если б не заставляла его об этом думать насильно жена. Но один искренний из искренних друзей его и честнейший должник многих тысяч, Ксаверий Астафьевич, всегда напоминал ему сам об долге своем и говорил: "Погоди, братец, погоди; только что дела мои примут счастливый оборот, первому тебе уплачу".

– Да ты, братец, дал бы мне хоть частицу покуда.

– Нет, любезный Петр Ильич, я по частям не люблю платить; вот, помедли, все вдруг отдам.

Ленивый от природы и неподвижный, Петр Ильич в счастии своем был похож на ресторатора, у которого можно было получить все gratis[40]. При перемене состояния он продолжал любить свой долгополый, домашний сертук. Посещения сократились, и он возлюбил уединение; а уединение есть мать мудрости.

Из всех книг сохранил он, по завещанию отца, письмовник Курганова. "Петруша, – говаривал ему отец, – эту книгу ты, ложась спать, клади под подушку; в ней все есть – и полезное, и приятное! На, на! прочти мне что-нибудь из анекдотов..." Петруша начинал читать: "Старуха, хватя добрую чарку вина, пришла к вечерне и там, задремав, всхрапнула; соседка толкнула се, чтоб проснулась, тогда она возгласила: подносите внучке, а я более не стану".

И старик хохотал от души: "Да, братец, и забавно, и полезно, тут на всякий случай и предмет есть толкованье; головы ломать не нужно".

В память отца и для того, чтоб иногда извлечь полезное, Петр Ильич берег, как глаз, эту книгу.

II

Из всей галереи картин сохранил Петр Ильич "Леду". Она всегда висела у него в кабинете против волтеровских кресел, и часто, после обеда, он всматривался на нее в кулак и дивился живому изображению замирания Леды.

С мала он был большой политик; но в большом кругу, где большой расход на речи, иначе и не может быть... Журнальные новости – насущный хлеб разговора. Газетная ложь необходима – где же набраться правды на все человечество. Итак, середа и суббота были посвящены чтению газет. Прохор, верный слуга Петра Ильича и

---

[40] даром (лат.).

Будхаха, должен был в эти дни раным-рано отправляться за газетами в Университетскую книжную лавку... Прохор знал, чем угодить барину.

Почти у каждого человека есть какая-нибудь странная привычка. Обоняние более всего причудливо в человеке. У Петра Ильича оно было пристрастно к сырым газетам. "Как славно пахнет!" – восклицал всегда Петр Ильич, вдыхая в себя сырость печатную. Петр Ильич терпеть не мог сухих газет, и в тот день Прохор был и пьяница, и негодяй, в который приносил ему иссохшие листы газет. В предостережение себя от гнева барского Прохор изобрел средство: возвращаясь с газетами домой мимо пруда, он всегда окунал их в воду.

Удовлетворив обоняние, Петр Ильич принимался разрезывать газеты и сшивать, а потом уже читал от доски до доски. К вечеру становился он глубоким политиком и удивлял новостями всех, кто имел смелость посетить его в бедном состоянии. "Помилуй, Петр Ильич, – говаривали его посетители, – да откуда ты, сидя дома, собираешь такие сведения?"

С улыбкой самодовольствия Петр Ильич таил, что почерпал все тайны политики из московских газет. Часто, однако ж, он грешил против грамматических правил и употреблял вместо настоящего времени давно прошедшее.

Таков был отец Северина; по индийской пословице "он слез со слона", а по персидской – "сел на ковер мудрости". Но жена его, низвергнутая судьбою с бельэтажа в партер, выплакала все слезы и долго обмороками своими нарушала спокойствие мужа посреди патетической статьи о каком-нибудь приезде ученика Пинетти или ultima donna[41] Италии или Германии, или отставной скрипки капеллы е. к. в.[42], или терц-виолины и даже несносной дуды.

Евлампия Федоровна была очень чувствительная женщина. Перемена состояния еще более раскрыла в ней источники этого чувства: ей часто делалась дурнота и в мраморных стенах, но в деревянном домике, которого стены обклеены были бумажными обоями, ее нервы каждое мгновение поражались всеми ужасами деревянных домов, вросших в землю. То черный таракан полз задумчиво по стене, то паук опускался с потолка прямо над головою Евлампии Федоровны, то мышь скреблась под ногами.

Без памяти вскрикивала она; без памяти муж бежал к ней с вопросом:

– Что с тобою, ma chère?[43]

– Не могу я жить здесь! Я не привыкла жить ни в сарае, ни в погребе, ни в черной избе!

– Тщетно Петр Ильич превращался в утешение.

– Оставьте, сударь, меня! Оставьте с вашими увереньями; я вижу,

---

[41] моднейшей певицы (итал.).
[42] его королевского величества.
[43] моя дорогая (франц.).

что вы хотите дожить свой век в этой лачужке... Вы обманули меня! Вы промотали имение Бог знает с кем!.. С какой-нибудь...

– Мой друг, – возражал Петр Ильич, – говори, что хочешь, но чести моей не трогай... я...

– Что вы, сударь?

– Я этого не снесу! Моя постоянная к тебе привязанность не заслужила таких слов.

– Привязанность! Какое нежное слово! К жене ли чувствовать любовь; с нее довольно и привязанности, когда любовь и деньги расточаются на стороне.

– Я вижу, сударыня, что вы из себя выходите, – произносил хладнокровно Петр Ильич, удерживая гнев свой и вставая с места.

– Оставьте же меня! – вскрикивала повелительным голосом Евлампия Федоровна.

– Бешеную женщину поневоле оставишь! – произносил с сердцем Петр Ильич, сбираясь выходить из комнаты; но новый вопль, новый припадок останавливали его, и Петр Ильич забывал незаслуженный упрек Евлампии Федоровны, подбегал к ней, придерживал голову, шептал про себя: "Господи, что за женщина!" Сзывал людей, требовал воды, одеколону, дул в лицо, тер руки. Наконец Евлампия Федоровна приходит в себя, отталкивает мужа, всхлипывает, заливается слезами, жалким голосом произносит:

– Боже, Боже! До чего я дожила! Муж оставляет меня!

– Полно, милый друг, – говорил Петр Ильич со всею сладостию ласки, – полно! кто тебя оставляет.

– Кто оставляет, сударь? Да я всеми оставлена, всеми презрена, никто знать меня не хочет! И кто пойдет в такую лачужку ноги марать? Вам легко переносить презрение; вы, сударь, родились в мещанском быту, а я не рождена терпеть!.. Я требую от вас приданого!

– Приданого? – произносил Петр Ильич вопросительным тоном. – Не родословное ли древо ярославских князей да красную ливрею? Возьмите их, сударыня.

И Евлампия Федоровна снова катится без памяти. Опять Петр Ильич хлопочет около нее, подносит к носу склянку; склянка оттолкнута, разлетается вдребезги.

– Господи! Что это за женщина! – повторял Петр Ильич, ходя по комнате и заложив руки назад.

Но вдруг карета гремит под самыми окнами.

– Боже мой! кто-то приехал! Кажется, графиня, – вскрикивал суетливо Петр Ильич.

И семейственная картина внезапно переменялась. Евлампия Федоровна приходит в себя, бежит в спальню; Петр Ильич – в свой кабинет.

Евлампия Федоровна торопится простудить глаза, покрасневшие от слез, надевает чепчик, накидывает платок.

– Боже мой! Идут без докладу! Выбеги, узнай, кто?

– Никого нет, сударыня. Это Прохор подбирает разбитое стекло да вытирает пол.

И Евлампия Федоровна сбрасывает с себя платок, бросается в креслы и опять в отчаянии, в слезах.

Но все это простительно чувствительной женщине; она должна быть такова, в ней должны содрогаться все жилки от пауков и тараканов и от всего холодного, даже от холодного благоразумия мужа.

Со всем человек расстается легко, но не легко расстается с привычками, потому что привычки есть нравственные наросты, полипы. Одно средство – вырезать с корнем.

Евлампия Федоровна не могла решиться на операцию. Все мещанское здание загромоздила она своим гардеробом; все комнаты, даже кабинет мужа, заставила она картонками и шкафами.

Проснувшись в полдень, она садилась перед своим двухтысячным трюмо, с которым также ни за что не решалась расстаться. Два часа продолжался ее туалет; потом садилась она в креслы перед маленьким столиком на курьих ножках; муж и сын подходили к ее руке пожелать доброго утра, которое уже было за тридевять земель; потом, по старому обычаю, она сидела в каком-то тоскливом ожидании визитов. Если чей-нибудь экипаж проносился по мостовой, она звонила в колокольчик и спрашивала у входящей девки: кто там приехал? Скажи, что нет дома.

– Никого нет, сударыня.

– У вас вечно никого нет, а поминутно кто-нибудь входит ко мне без доклада! – произносила Евлампия Федоровна с сердцем.

Таковы были родители Северина-юноши. Таким образом время проходило, а он жил да жил у отца и матери без науки, без дела; при перемене состояния судьба его забылась. Однако же через несколько лет Петр Ильич вздумал отдать его или в ученье, или в службу. Но, кроме недостатка денег, чтобы отдать в пансион, встречалась тьма других домашних препятствий.

– Хочу я, мой друг, отдать Северина в ученье... что ему бить баклуши дома? – говаривал иногда Петр Ильич жене.

– Позвольте спросить, какому ремеслу хотите вы учить его?

– Не ремеслу, а наукам, мой друг. Отдам в казенную гимназию, попрошу князя...

– Этого никогда не будет, чтоб мой сын был в гимназии!

– Да что ж тут худого?

– Напротив, все прекрасное, да не для моего сына.

– Как хочешь. Пусть будет сын твой дураком!

– Во всяком случае будет умнее вас.

Чтоб избежать бури, Петр Ильич тихо, не говоря ни слова, выкрадывался из комнаты. Время проходило, состояние Петра Ильича не поправлялось: для глухого не две обедни. Горе Евлампии Федоровны истощалось, как дождевое облако. Северину настало двадцать лет, а он еще ходил в курточке. Отец и мать привыкли считать его необходимым в доме, вроде прислуги, по недостатку слуг; притом же сын всегда вернее и исправнее всякого раба. Северин, то прочти папиньке какую-нибудь мелкую печать, то подай маминьке скамейку под ноги, то кликни Прохора, то позови Настьку, и, следовательно, Северин нужен: без него некому было прислужить папиньке, когда маминька в торжественные дни посылает Прохора разнести по Москве около 200 визитных карточек; без него некому было прислужить маминьке, когда Настя едет на реку или идет в баню.

– Как ты думаешь, мой друг, – скажет иногда Петр Ильич, – пора бы отдать сына в службу?

– Вы так думаете? Я не знаю, чем вам надоел сын! Вы только о том и думаете, как бы его сбыть с рук.

– Но рассуди сама, посмотри на добрых людей. У всех дети в службе; все сверстники Северина поручики да ротмистры, а он-то что?

– Он мой сын, и этого довольно, чтоб я не бросила мальчика на произвол судьбы, без надзора, без денег... Нет! этого не будет!

– Мальчик в двадцать лет!

– Лета ничего не значат; один образуется раньше, другой позже.

– Это правда, но...

– Если правда, то ваше но лишнее; да впрочем, кажется, я вам неправды никогда не говорила.

– Эх, мой друг, тут дело идет не о лжи. Ну кто тебе говорил, что ты лжешь?

– Ты лжешь! Что за выражение! От вас ничего не услышишь, кроме грубостей! Вы как будто век живали в мещанском быту.

– Тебе говори то, а ты свое!

– Я не знаю, отчего я должна говорить чужое, а не свое! Вы, кажется, не дуру взяли за себя!

– Оставим, пожалуйста, разговор.

– Я вас не просила начинать его.

– Но скажи, сделай одолжение, с кем же мне посоветоваться о судьбе сына, как не с женой?

– Очень нужно для того советоваться, чтоб не принимать советов; но я знаю вашу цель: вы ищете случая, чтоб огорчать меня.

– Помилуй! Что мне за приятность огорчать тебя!

О, большая приятность! Чем же иначе мужчине показать свое преимущество пред женщиною, как не правом своим всегда делать ей напротив? Вы вполне пользуетесь этим прекрасным правом.

– Уж если я делаю тебе напротив, то позволь же и слова твои понять напротив, потому что все права мужчин подмыты женскими слезами, ниспровергнуты слабостями и истериками.

– Правда ваша, чувствительность сердца много вредит женщинам; она-то и обезоруживает их против ига мужчин.

– Да-с, точно-с, справедливо-с! – отвечает Петр Ильич; ему не приходит в голову промолвить Евлампии Федоровне или, может быть, не желает он промолвить: избави Боже весь земной шар от той чувствительности жещин, о которой имеет право рассуждать медицина. Эта чувствительность ниспослана в числе десяти наказаний на род человеческий.

О воспитание, воспитание! Но что поможет оно тому, в ком природная кровь тщетно борется с чужой кровью, которому нищий может сказать: "Барин, подай милостинку! подай, ты напитался моею долею молока!"

— Однако ж должно же подумать о судьбе сына? — настойчиво продолжал иногда Петр Ильич после долгого, молчания. — Скажи мне свое желание, и я исполню его... по штатской пустишь сына или в военную?

— Я не знаю, кому лучше знать наклонности сына, матери или отцу? — отвечает Евлампия Федоровна.

— По моему мнению, записать его в первый полк, да и с Богом. Теперь же война; отличится, выйдет в чины...

— Это мнение вы можете отложить в сторону. У кого много детей, тот может жертвовать ими, а у меня один только сын. Я не для того мучилась, переносила болезнь, заботилась о воспитании, чтоб его изувечили или убили.

— Отдадим в штатскую.

— Вы можете его записывать, куда угодно, но я не позволю, чтоб моего сына записали до чахотки.

Таким образом, дело о Северине тянулось с 12-го по 22-й год. За десятилетнею давностью он как будто потерял права на заботы отца и матери, но Евлампия Федоровна умолкла навеки, и никто уже не противоречил Петру Ильичу определить сына на военную службу.

Вместе с Северином мы сделали кампанию, с ним вместе и приехали в отпуск в Москву. Надо было видеть, как обрадовался старик приезду своего сына.

Несколько дней сряду не отпускал он его от себя ни на шаг и утомил расспросами про походы в Турции. Наконец, когда любопытство было удовлетворено, жизнь его как будто унялась в первый раз сладостным вином, и он заснул крепким беспробудным сном.

Северин, наследник материнского гардероба и отцовского собрания газет лет за 25, почти случайно нашел в бумагах отцовских заемное письмо Ксаверия Астафьевича, о котором и понятия не имел: заемное письмо на пятьдесят тысяч рублей, с законными процентами.

Северин порадовался находке. Капитал почти удвоился в десять лет. На другой же день он отправился с этим документом к истинному другу своего отца. Был встречен им довольно сухо; воспоминания о дружбе с отцом не согласовались с приемом сына.

— О, — говорил он, — мы были истинные друзья с вашим батюшкой, жили как родные братья: у нас никогда не было счетов между собою.

Эти слова поразили Северина. "Он не помнит о долге!" – думал он.

— Да, да, — продолжал Ксаверий Астафьевич, — мы были с ним друзья, и как жалею я, что не мог отдать ему последнего долга...

Северин ожил и хотел уже вынуть из кармана заемное письмо.

— Да, — продолжал Ксаверий Астафьевич, — не мог, подагра совершенно приковала меня к креслам; не знаю, вспомнил ли он, умирая, о друге своем?

– Я застал его в некотором роде забывчивости обо всем мирском; только радость видеть меня после долгой разлуки оживила его на несколько часов.

Ксаверий Астафьевич в свою очередь ожил.

– Я думаю, он вам не оставил никакого состояния? Признаюсь, положение его крушило меня, я по силам... что мог...

– Все наследство мое состоит в этом заемном письме, – отвечал Северин, вынимая из кармана бумагу.

– Мое? – вскричал Ксаверий Астафьевич, смущаясь. – Знаю, знаю! это обязательство было сделано на некоторых условиях особенных, частию в поддержание кредита вашего батюшки... Разговор прервался приходом двух пожилых женщин. Девушка лет пятнадцати вбежала вслед за ними в комнату.

– Прощай, братец! Мы едем с Еленою.

– Прощайте, папинька! – произнесла девушка, подбежав к отцу и целуя у него руку.

Северин привстал, почтительно поклонился дамам. Сестрицы Ксаверия Астафьевича кивнули головами: Полистан, огражденный огромными шелковыми буклями, заколебался, канительные колосья затрепетали. Но Елена бросила на незнакомца скромный взор, опустила очи, отступила шаг назад и исчезла, повторив: прощайте, папинька!

– Это моя дочь, Северин Петрович, – сказал старик, переменив тон, когда дамы вышли из комнаты. – Рано оставила ее мать, но Божия милость и мой глаз над нею; она у меня добрая девушка. Бог наградил меня счастием! утешение на старости! Подлинно игрушка в доме! Горе забываешь, смотря на нее!.. Сына Бог не дал; ну, да у кого есть дочь, будет и сын.

Ксаверий Астафьевич описывал свое счастие настоящее; Северин также думал о счастии будущем... не о том счастии, которое надевается на голову, на плеча, на ноги, на шею или пришпиливается к груди, не о том, у которого четыре угла и четыре этажа, прекрасно меблированных, с окрестностями, состоящими из дерев, рабов и собак, не о том, которое варится, печется и жарится, живет на дне бутылок, стаканов и рюмок, не о том, которое зависит от погоды, не о том, которое похоже на толкучий рынок посреди раззолоченной, разосвещенной залы или гостиной, не о том, которое похоже на подвижные газеты и диссертации, не о счастии, для которого нужны толпы людей и их удивление, но о счастии, которое схватил бы Северин на руки и бежал бы с ним в пустыню, на край света, чтоб там, наедине, впиться своему счастию в уста, утонуть в его объятиях навеки.

Северин думал о Елене.

Посмотрим же и мы на Елену, на эту Пери, облаченную в утреннее румяное облако. Зачем сбросили с нее воздушную одежду? зачем наряжают ее в мемфис и в брильянтин? зачем эти пестрые сильфиды у нее на платье? зачем ее кудри и снежное чело и розы жизни прикрыты сарацинской соломой? зачем стан ее обернулся в гелиополь? И она подражает смертным, садится в коляску, садится на откидной скамейке; первые места заняли какие-то две вечности, две археологические статьи, романы прошедшего столетия в новом сафьянном переплете с позолотой и готическими оттисками: это две родные тетки Елены. Они заехали за пятнадцатилетней племянницей, ведут ее на благообразные сатурналии, где плодятся грехи, как черви, где ложь – душа и тело, где вздох окован приличием, где тоска о будущем овладела всеми богатствами радости: улыбкой, светлым взором, ласкою... и бросает их повсюду, как мот золото, как тать чужое достоянис; гдс чужбина в передпем углу, а Русь в передней.

Вот скитаются андроиды на паркетных берегах Стикса. Свой ли собственный труд расточают они? или чужой пряник, горсть орехов и праздничный кафтан превращены ими в эту тень одежды!

Посмотрите, как испаряется жизнь в этих цветах. Вот кашляет 15-летняя старуха: с пяти лет стан ее в оковах. Как плодоносное дерево, которого корень стеснен в небольшом горшке, не образовавшееся еще, дало довременные плоды, так она в 12 лет уже испытала все страдание, пролила все слезы любви.

Но пусть пользуются эти люди мнимым, искусственным счастием, если нет у них настоящего. Говорят, что счастие живет притаившись, припав к чьей-нибудь груди.

Природа ни для кого не была мачехой, никого не обидела в разделе земного блага: в пирог с кашей столько же поместила она наслаждения, сколько и в страсбургский пирог. Равны для нее люди, каждому задала она работу и сказала: трудитесь! по данному мною плану вы строите для себя же вечную, светлую обитель; кто не участвует в труде моем, тот не найдет в ней места, останется вечным грустным, бесприютным скитальцем; будет томиться земным гладом, и не будет уже земной пищи, будет сгорать от земной жажды, и не будет уже земного упоения.

Вот Елена в блистательной толпе большого света. Лорнеты влекут призрак ее во все стороны. Ее взоры еще робки, как вольные птицы, мелькают, извиваются, как ласточки.

Но злой дух взмахивает уже серебряным крылом, впился очами в красоту Пери – дух света; он стережет, когда музыка повторит второе колено кадрили и кавалер с поклоном выпустит ее руку из своей руки. Он не пропустил этого мгновения: не успела еще Елена сделать шаг назад и вздохнуть от усталости, он порывисто уже мчится к ней, прожигает себе путь сквозь толпу, протягивает к ней руку в лосиной перчатке, произносит резко: mademoiselle, plait-il?[44] и несется с нею в водоворот мазурки, прищелкивает шпорами, вбивает каблуком гвозди в паркет; то схватит руку Елены правой рукой, мчится, вскидывая на воздух левую, то обвивает ее стан, перекидывает на левую руку и, кружась вихрем, бьет такту шпорами, то, выпустив снова из рук, водит летучую деву по кругу, как берейтор какую-нибудь

---

[44] мадемуазель, разрешите? (франц.).

101

молодую симфонию, и между тем отирает платком лицо свое, на котором поры обратились в артезианские колодцы.

Сколько меркурия сублимата в его словах, сколько опиума, которым Гассан поил правоверных, чтобы во время усыпления показать им искусственный рай.

Неопытность всему верит. Верила и Пери словам Дива. Ему нужна была только ее душа, только благоуханные соты девы.

Что делать юной лани, когда она томится зноем, жаждет упоительных вод? Туман расстилается по долине, стоит, как озеро; невидимые сети стелются по обманчивым берегам его. Юная лань, никем не руководимая, никем не предостереженная, стремится с горы к призраку вод, падает в тенеты, и с этой поры она в руках ловца.

Нужно ли описывать доверчивость Пери, которая не знает еще жизни и в первый раз слышит приманчивые звуки злого духа? Он завлекает деву, чтобы защекотать ее и потом оставить в темной страшной глуши. Там блуждает она, как звезда, потерявшая свой свет и свое место на небе. Ее душа, как птенец, издыхает в разбитой скорлупе: ей не живется в обезображенном теле.

Между тем Ксаверий Астафьевич, казалось, влюбился в Северина, отпустил его от себя с тем, чтоб он на другой же день обедал у него. Его ласки, однако ж, похожи были на ласки должника, который заговаривает своего заимодавца, чтоб не дать ему произнести слова о долге, чтоб он, выходя от него, подумал: "Какой прекрасный человек Ксаверий Астафьевич! право, такому человеку совестно напомнить о деньгах!" Оно так и было: Северин забыл о тысячах. "Что тебе в богатстве, если ты возьмешь его и расстанешься с Еленой!" – говорило ему сердце.

Северин почти каждый день у Ксаверия Астафьевича. Каждый день видит Елену, говорит с нею. Он уже влюблен в нее страстно, доверчиво, перед ним еще нет ни надежды, ни безнадежности, он еще смотрит на нее, как на святыню, не помышляет еще о взаимности, любит ее, как соловей розу Кашемира, он не отлетал бы от нее, пел бы:

"Заря, осыпанная перлами и рубинами! Изумруды садов при появлении твоем сбрасывают с себя черный покров ночи; и я, при появлении девы, питаюсь перлами ее уст и согреваюсь лучами очей!"

Северин только еще радовался, что встретил ее, он еще всматривался в красоту Елены.

Первое чувство любви – весна природы, семя, брошенное взглядом на сердце; быстро дает оно отпрыск. Холодные вьюги, не проноситесь мимо его! пусть возрастет, даст цвет... благовонную ли розу Ширазскую, соперницу румяной зари, которую любят воспевать соловьи и поэты, или пурпуровую розу Китая, без аромата... цвет ли банана, юную надежду на сладкий плод, или колючее терние, ядовитую ягоду, которая потушит румянец и свет очей, убьет радости сердца, охладит уста и душу?..

Но однажды, на балу у одной из тетушек Елены, в Северине вдруг превратилось тихое, счастливое чувство любви в чувство мучительное, излечимое только взаимностью. Он не мог равнодушно смотреть на одного усатого гвардейца, который как монополист овладел общим сладостным правом танцевать с Еленой. Как ни подойдет Северин к Елене, один ответ: я танцую. С этой минуты в Северине родилось желание, чтоб Елена хоть сколько-нибудь переменилась в отношении к нему, чтоб показала хоть ненависть, если не любит, чтоб быть или не быть вместе с ним – не казалось ей одним и тем же, чтоб хоть исподтишка всматривалась она в него, вслушивалась в его речи, чтоб хоть один раз в день пропела его любимый романс без просьбы и никогда не отказывалась петь, когда он ее просит.

Время проходило; весна любви была бесцветна для Северина.

"Она еще дитя, ей непонятно чувство любви", – думал он, вздыхая глубоко, и, забывшись, часто устремлял на нее задумчивые взоры. Ксаверий Астафьевич замечал это и тайно улыбался. Однажды Северин сидел подле старика, которого болезнь увеличилась. Северин задумался.

– Об чем вы так призадумались, милый мой? Признайтесь, что за горе у вас? Право, я готов принять в вас участие, как в сыне.

Северин весь вспыхнул от неожиданного вопроса, затрепетал, как преступник, пойманный на месте преступления.

– Послушайте, милый Северин, мы были истинными друзьями с вашим родителем, я давний его должник и желал бы заплатить долг с процентами. Некогда мы шутя обещали друг другу: если у одного родится дочь, а у другого сын... утвердить нашу дружбу союзом детей. Теперь есть возможность исполнить это... Если вы желаете иметь во мне второго отца, а в Елене добрую жену, то я теперь же обнял бы вас как сына.

Северин готов был броситься в объятия Ксаверия Астафьевича, однако же удержал порыв радости и сказал ему:

– Сердце детей не всегда покорно выбору родителей: я могу не нравиться вашей дочери.

– О, выберите только меня в посредники, и я буду надежным ходатаем за вас у ее сердца.

– Нет! того, кто после просьбы может приказать, я не выберу моим ходатаем в деле, где от доброй воли зависит счастие целой жизни.

– Неужели вы полагаете, что я единственно по вашей склонности к моей дочери и по одному моему желанию вздумал бы решить ее участь? Нет, милый мой, я соображаюсь и с чувствами Елены; от меня они не могли скрыться. С тех пор, как вы посещаете нас, я не узнаю Елены; с нее как будто рукой сняло детскую веселость, часто сидит она задумавшись, в ней проявились все признаки любви: слепота, глухота и немота.

Северин задумался, он поверял мысленно слова старика; ему хотелось вполне ему верить, но не смел ему верить.

Возвратясь домой, Северин провел ночь без сна; завтра решится его участь... сердце тосковало. Когда надежда сомнительна, нам страшно мгновение, разрешающее участь. Пусть бы длился этот мрак, в котором носится любимый призрак наш.

На другой день Северин шел в дом отца Елены и готов был умолять его, чтоб он подождал спрашивать согласия дочери своей. Но судьба и Ксаверий Астафьевич уже распорядились. Подле кресел его стояла Елена, бледная, с опущенными очами, из которых катились слезы.

Едва Северин показался в дверях, Ксаверий Астафьевич протянул к нему руку.

– Обоймите меня, Северин Петрович, – произнес он. Северин едва устоял от радости; он бросился в объятия старика, который, взяв руку дочери, сложил с рукою Северина. Северин чувствовал холод дрожащей руки Елены.

– Вот вам рука моей дочери! – продолжал старик. – Мои заботы об ней вознаграждаются исполнением единственного моего желания устроить ее будущность при жизни моей и назвать сыном такого человека, как вы. Мне недолго уже жить... Елена, обними меня... твое доброе сердце стоит счастия, которое я тебе избрал, соображаясь с собственным твоим сердцем... Дети, обнимите меня!

Елена упала в слезах на грудь отца; Северин приклонился также к старику, но в душу его запала какая-то грусть: ему больно было смотреть на слезы Елены. Отчего, думал он, спокойствие ее возмутилось? может быть, болезнь отца? неожиданная перемена?

Все должно иметь весну; любовь и счастие также должны иметь весну; без весны грустно, без весны чего-то вечно недостает... недостает наслаждения, недостает благоухания, свежести, теплоты, недостает какого-то блаженного чувства, которое не заменишь всеми восторгами будущности, ни пышным цветом лета, ни плодами осени. Этой-то весны недоставало для счастия Северина; он еще не насладился ни одним взаимным взглядом Елены и мог уже назвать ее своею.

– Поцелуй жениха своего, Елена, – сказал отец.

И этот первый поцелуй без стыдливого румянца... без волнения в груди, что в нем! и это вы жениха и невесты, это грустное вы, при котором не смеет вырваться в один голос: я люблю тебя! О, положение Северина было горько! Старик торопился свадьбой; он, как корсар, заботился скорее сковать невольников, чтоб не разбежались.

В тот же еще день ввечеру собрались к старику несколько пожилых его приятелей. Северин был представлен им как будущий его зять. Елена была нездорова, и потому Северин принужден был поневоле разделять пошлую беседу подле глубоких кресел, в которых лежал Ксаверий Астафьевич и охал от боли. А так как всякий об том говорит, что у него болит, то в общий разговор был о разных средствах и способах лечения: один советовал гомеопатию, другой магнетизм, третий электричество, четвертый паровые ванны, пятый советовал полечиться симпатическими лекарствами.

– Попробуйте, Ксаверий Астафьевич, это невинное средство, –

сказал один худощавый старец, – за все прочие средства не ручаюсь, а за симпатию поручусь головой. У нас в приходе живет женщина, которая нашептывает в платок; что бы ни болело – все равно: стоит только перевязать этим платком больное место. Да у меня в глазах жена вылечилась. Болели зубы, ни дня, ни ночи покою! Вот и сказали ей про эту женщину. Что же вы думаете, послали к ворожее новый платок, она что-то пошептала в него, завернула и велела бережно нести домой. "Не рассыпь, – говорит, – дорогой или как будешь развертывать". Вот и принесла горничная к жене; только что подвязала она зубы – как рукой сняло!

– Бог знает, верить или не верить этому. В старину много водилось чудес, теперь перевелись, а перевелись от безверия.

– О, вера больше всего помогает. А скажи теперь молодежи про это, поднимет на смех. Да вот я заметил по лицу Северина Петровича, что он не верит в симпатию.

– Признаюсь, я верю в пользу всевозможных средств, но не верю в колдовство и шепот старух.

– Теперь вообще не верят чудесам, Северин Петрович, однако же больше нежели когда-нибудь употребляют чудные и неизъяснимые средства лечения. Например, что такое гомеопатия? Хотят уверить, что в капле можно утонуть точно так же, как и в море.

– Я не буду вам толковать силу дециллионной части, но мне кажется, что зажигательное стекло всю силу целой массы солнца соединяет в одну точку, ибо эта точка может сжечь алмаз.

– Позвольте, позвольте, а магнетизм? этот искусственный сон, делающий человека всеведующим?

– Я не верю в сны, – отвечал Северин.

– О нет, этому верьте, – подхватил тучный сосед его. – В сны верили все греческие мудрецы.

– После этого греческие мудрецы заставят верить и в привидения.

– А как же? Вы не верите явлению духов?

– Ох! мне кажется, что это может быть, – сказал, вздыхая, Ксаверий Астафьевич.

– В истории сохранилась тьма примеров. Младший Плиний рассказывает, что в доме его водился домовой, который каждую ночь приходил брить бороду слуге его.

– А магия, черная магия, вызывающая духов? следственно, она была наукой; и это исторически известно, что магия была в числе таинств египетских. Следственно, я сейчас расскажу вам происшествие, которое случилось с известным философом Греции – Евкратом.

Еще в своей юности, когда он жил в Египте, куда отец послал его для изучения наук, однажды вздумалось ему проехаться по Нилу до города Копта и, следственно, посмотреть там славную статую Мемнона, издающую при восхождении солнца чудные музыкальные звуки. Во время поездки по Нилу случился между сопутниками его гражданин Мемфиса, один из посвященных мудрецов в таинства священных познаний. Об нем рассказывали, что он жил 23 года в подземных святилищах Изиды, и, следственно, Изида и открыла ему чудеса магии. Прозывали его Панкратом. Сначала Евкрат не имел понятия, до какой степени могут простираться силы магии, но когда он увидел, что Панкрат всякий раз в полдень, чтоб прохладить себя от жара, бросался во всем платье в Нил, отдыхал на прохладном дне реки, догонял потом судно верхом на крокодиле и выходил из воды весь сухохонек, следственно...

— Позвольте, позвольте!.. — вскрикнул один внимательный слушатель. — Извините, что перерву рассказ ваш... Мне кажется, что спать в воде можно и без посредства магии, потому что у нас простые колдуны мельники это делают. Вы мне напомнили один случай. Я еще был мальчиком, когда отец мой, отправляясь по должности на Мелекесские винокуренные заводы, взял меня с собою. Как теперь помню посреди страшных лесов большую мельницу и став несколько верст в окружности... ужас! извините... я невольно содрогаюсь, когда вспомню эти места и чувашей, которыми меня пугали... Насмотрелся я на чудеса! Вообразите себе, там был мельник... как вы думаете? бывало, возьмет подушку, да и в омут, и спит себе в воде часа два, три... Выйдет оттуда и как будто ни в чем не бывал...

— Так вот-с... — начал было рассказчик египетской повести...

— Извините-с, сейчас кончу... Этого мало; бывало, пустишь в ход все поставы да велишь глаза закрыть, чтоб не испугаться... Чудеса, да и только!.. Все колесы до одного заскрипят плясовую песню, жернова точно как вприсядку пляшут, а шестерня в лад прищелкивает... Но если б вам порассказать все, что он делает и чему я сам был свидетелем, никто не поверит!..

— Так вот-с... — продолжал первый толстяк, который с сердцем и с нетерпением ждал, когда кончится рассказ, прервавший его повесть...

— Извините меня, еще одно слово... Представьте себе, что в мучные анбары без него никто не смел ходить: крысы заедят... заедят!..

— Так вот-с, — произнес наконец тучный господин решительным тоном. — В Евкрате родилось желание короче познакомиться с этим дивным человеком. Вскоре он в этом успел, сделался его другом, научился у него многим тайнам. В Мемфисе он предложил Евкрату оставить всех своих слуг. "Это излишняя тяжесть, — говорил он, — и мы, следственно, обойдемся и без них". И в самом деле, каждый раз, когда останавливались они в гостинице, Панкрат брал веник или помело, надевал на него платье, произносил какие-то магические слова, и помело начинало прислуживать; никто не сомневался даже, что оно было не человек.

Этот чудный слуга всегда приносил им свежей ключевой воды, готовил кушанье, прибирал в комнате и, следственно, вообще служил с необыкновенной расторопностию и ловкостию. Когда же не было в нем необходимости, то Панкрат посредством таинственных слов снова обращал его в первобытный вид, в веник или помело. Как ни хотелось Евкрату узнать тайну подобного превращения, но никак не мог он успеть в этом. Египтянин скрывал ее. Однажды, засев в темный угол и, следственно, так, что Панкрат этого не заметил,

106

Евкрат подслушал заклинания: это было слово, состоящее из нескольких таинственных букв.

На другой день, когда Панкрат пошел на торжище, Евкрат, нарядив помело в свою одежду, произнес магическое слово и приказал помелу принести воды. Помело пошло за водой, принесло воды и снова отправилось за водой. "Постой! – кричал Евкрат. – Довольно уже воды, больше не нужно!" Но помело не внимает ему, знает себе носит да носит воду и, следственно, затопило бы весь дом. Евкрат испугался; не зная, что делать, схватил он топор, перерубил помело надвое; глядь – оба конца бєрут по ведру и начинают снова носить воду. Евкрат сзывает домашних людей, чтоб уняли водолеев. Все бросились на них, ухватили за платье, за руки, за ноги, а так как водолеи было помело, то, следственно, растянули его на части по пруту; глядь – прутья подхватили клочки одежды, накинули на себя, вбежали к бочарю, жившему по соседству, растащили у него все ведры и коромыслы, пошли за водой на реку, носят воду. Евкрат со страха, убоясь мщения Панкрата, скрылся; народ пал на колени и просил Изиду и Озириса, чтоб они взяли двух водолеев обратно в зодиак небесный и, следственно, спасли бы город от потопления. К счастию, пришел Панкрат, понял, в чем дело, и унял водолеев, обратив их в помело.

– О, это древнее чудо! – вскричал Ксаверий Астафьевич.

– Следственно, видите, господа, о каком происшествии упоминает древность. Это мне рассказывал человек достоверный, читавший древнюю греческую рукопись.

– Напрасно вы так подробно рассказывали эту греческую басню, ее можно короче прочесть у Гете, – сказал Северин.

– Басню, вы полагаете? Следственно, вам покажутся невероятными и чудеса, которые делал Брюс? Однако ж мой дед собственными глазами видел песчаного человека, и, следственно...

– Пожалуйте расскажите, я что-то слыхивал про это, да не верится...

А вот видите... Должно знать, что дед мой был в денщиках у Петра Великого. "Ну, Филат, – сказал он однажды ему, – поедем-ка к колдуну Брюсу". У моего деда так и затряслись поджилки. Как это, думал он, следственно, его величество едет к колдуну? Приехали к Сухаревой башне, вошли под самый шатер; вдруг показался из другого покоя высокий, бледный, тощий человек и поклонился низко государю. Дед мой так и вздрогнул, как увидел сквозь дверь скелета да разные каббалистические инструменты. Только что государь вошел в комнату, двери захлопнулись, заперлись на ключ. Мой дед, как ни боялся колдуна, подкрался, однако же, на цыпочках к двери, прислушивается... говорят что-то непонятное, следственно, на тарабарском языке. Потом государь Петр Великий громко сказал: "Ну, Брюс, вели-ка своему песчаному сварить мне кофию". – "Сейчас, ваше величество!" – отвечал Брюс. Не прошло минуты, вдруг слышит дед мой, что идет песчаный человек, стучит стопами об пол.

– Здорово, песчаный! Что твоя голова? – спросил государь.

— Болит, государь, точно как будто кто булавку воткнул в темя, — отвечал песчаный человек.

— Славный кофий! Ай да песчаный! — сказал государь и с этими словами встал с места, и, следственно, дед мой отскочил от дверей и ничего уже не слыхал, что происходило потом... Однако ж из этого вы можете видеть, что анекдот известный про Брюса, что он делал из песку людей и оживлял их, втыкая в голову булавку, действительно справедлив...

— О, я верю, что у Брюса был денщик Песчаный, которого, однако же, верно, не он сделал, — сказал Северин.

— Как угодно, так и думайте; но я полагаю, что вы также слышали, что в шатре Сухаревой башни есть комната, в которой волшебные книги Брюсовы залиты свинцом. Это так верно, как я сижу на этом месте, и, следственно, удивительно ли, что Брюс, зная черную магию, делал людей из песку и оживлял их, втыкая магическую булавку в голову.

— Достоверность, конечно, и в этом есть. Но я вам и забыл было рассказать чудное событие с моим шурином; уж этому я, живой человек, свидетель. Прежде всего должно сказать вам, что в южных губерниях отдаются деревни на посессию. Вот шурин мой и взял одну деревню на посессию и сверх того купил заочно в этом же имении лес на вырубку, так дешево купил, что и сказать нельзя. Объехав имение, он порадовался покупке: огромный лес над самым Бугом!

"Ну, ребята, — сказал он, собрав весь мир сельский, — надо приниматься рубить рощу, чтоб успеть к зиме отправить водою в Одессу". — "Как можно, пане? — отвечают ему староста и старики, — да в этом лесу отцы наши сука не срубили, и мы не срубим". — "Как?" — "Да так, лес заповедный". — "Заповедный или незаповедный, а он мой". — "Какой твой, то панский лес". — "Да я купил его у пана". — "Купил у пана грабе[45], да не купил у Каменного пана". — "У какого Каменного пана?" — "А что, люди говорят, стоит на высоком холме модла его пиреная"[46]. — "Что за модла пиреная?" — "Да, примером сказать, чортов болван, красный; отцы наши носили ему десятину волею, а мы неволею носим со скота, с дворовой птицы, с посева, с печеного хлеба, масла, молока, словом единым, со всего; продашь ли что в городе, со всего неси долю десятую, а не понесешь десятую, весь хлеб погорит, весь скот опаршивеет, у всей птицы типун на языке сядет, вместо молока у коров сукровица, куры начнут кричать петухом, а уж то не добро, пане".

Шурин захохотал, услышав про эти чудеса. "Ну, — сказал он, — с этого дня не будем платить болвану десятины". — "Бог ведает, боярин, — отвечает ему, — лучше бы ты оставил добром чортов лес да послал от себя в дар модле пиреной пары две коров из стада; уж были у нас такие два ксендза, что стращали выжить Каменного пана с холма, да не рады были жизни своей". — "А что же сделалось с ними?" — спросил

---

[45] графа (польск.).
[46] идол каменный красный (прим. автора).

шурин. "И сказать не можно". – "Говорите!" – "Не можно, никак не можно, пане!"

"Плутовство!" – думал шурин мой. И на другой же день приказал он отправиться всей деревне с топорами рубить рощу.

Ввечеру староста со всем сельским миром пришел к нему, все охают.

– Измаялись, боярин, топоры притупились, переломались, а дерева не срубили: железо, да и только! а сами руки не поворошим, словно кто кости перебил...

"Мошенничество!" – думал недоверчивый мой шурин. – Завтра сам я еду, будете при мне рубить!

– Как изволишь, ни сил, ни мочи, ни топоров нет, – отвечают ему.

В самом деле, у всех топоров до одного лезвие, как обух, тупо.

– Коня! – вскричал мой шурин на другой день, но вдруг приходят пастухи, бросаются ему в ноги. – Что такое? – Стадо панское ушло за черный яр, сгинуло, да пропало! – Как пропало? – Пропало; люди говорят, оттуда возврата нет. – Коня! – повторил мой шурин вне себя, – все за мной верхами!

Все бросились в ноги. – Помилуй ты нас, отец родной! Модла всех нас передушит.

Не слушает шурин, велит подавать коня. Конюхи бросились в конюшню... Ни один конь в руки не дается... не подпускает... бьет и задними, и передними. Поднялось страшное ржанье. Все вон из конюшни.

Как шурин мой ни был недоверчив ко всему сверхъестественному, но призадумался: не знает, что делать. Настал вечер, страшно стало ему одному в огромных покоях панского дома, но, преодолев страх, лег он спать... Вдруг, около полночи, слышит... что-то идет по комнате, точно как огромный камень... с места на место переступает, пол так и трещит, на дворе старый пес залаял, потом завыл.

Не успел шурин мой дернуть за колокольчик, чтоб кто-нибудь пришел... вдруг точно гора упала и сдавила его своей тяжестью...

С этой минуты он уже ничего не помнил.

В страшной горячке и в бреду только и слышно было от него: вот, вот он, Красный каменный пан! Ох, да помолитесь ему, чтоб не сжег меня! скажите, что я дам ему десятину со всего!..

Выздоровев, он стал молчалив, ни с кем ни слова, только одно повторял: скорее, скорее собирайтесь в дорогу!

Нечего было делать, собрались, уехали; деньги, отданные за посессию и за лес вперед, пропали.

Долго не говорил он нам причины, по которой оставил посессию. Наконец года через два, поправившись совершенно, с ужасом рассказал он все случившееся с ним в том виде, как имел я честь изложить. Согласитесь же сами, тут есть что-то сверхъестественное?

– Так много сверхъестественного, что я полагаю большую часть из всего этого бредом горячки! – сказал Северин.

– Вы, я вижу, рождены с тем, чтобы ничему не верить; вы не верите даже в симпатию? – сказал рассказчик.

– Вы ошибаетесь, я верю в симпатию душ.

– А! так вы верите в симпатию любви? верите в то, что испытали сами, верите, что между вами и невестой вашей есть какое-то сродство душ?

Северин вспыхнул, не знал, что отвечать, как будто эти слова показались ему колкой насмешкой.

– Отчего же вы не верите симпатии лекарств, снам и привидениям? Привидения также есть явления симпатии; душа бессмертна, она может и за гробом любить и не любить.

– Ох, это правда! – произнес, вздохнув, будущий тесть Северина. – Прежде я и сам не верил снам и тому, чтобы люди после смерти навещали тех, которых любили в жизни, но теперь верю, верю непреложно. Вот уже две ночи покойная жена моя является мне, и я недаром заболел...

– Каким это образом?.. Полноте, Ксаверий Астафьевич, это воображение, что вы это придумали? Возможная ли это вещь? – вскричали все верователи в привидения по очереди, желая разуверить старика.

– Нет, не придумал... не воображение, – продолжал старик. – Две ночи сряду садовник видел женщину в саване, которая входила в самую полночь в дом, между тем как дверь в сад заперта внутри... Жучка бросалась было на нее с лаем, но только что подбежит... вдруг начнет ласиться и визжать от радости. Покойница любила ее, да и садовник сказал: "Ну вот, словно покойная барыня, сударь..." Я бы и не поверил ему, если б и сам не видел... Только что заснул вчера, вдруг покойная жена подходит к постеле моей... вот как теперь смотрю на нее... в любимом моем капоте с фалбарой да в чепчике с алыми лентами, а в руках ридикюль да носовой платок; подошла да и говорит: "Где, мой друг, моя золотая табакерка? дай понюхать хоть своего табачку". Я было схватился под подушку достать табакерку, глядь, она исчезла; меня так и обдало ужасом, до утра не мог глаза сомкнуть...

– Да это просто сон, Ксаверий Астафьевич.

– Нет, сударь, не сон. Во сне человек не говорит, а я, как теперь, слышу ее слова. Мы дружно жили. Бывало, покойница говорит: "Смотри же, мой друг, как умру, душа моя придет навестить тебя и дочь..." Вот и исполнила слово свое! О, меня никто в этом не разуверит.

– Если привидение являлось две ночи сряду, то должно явиться и в третью ночь, – сказал Северин, – так водится у привидений. Позвольте мне провести эту ночь в вашем саду: если садовник мог видеть привидение, то и я, верно, буду столько же счастлив.

– Пожалуй, мой друг, я не препятствую твоему странному желанию; к чему только это послужит?..

– Полноте, Северин Петрович, оставьте, милый, ваше намерение. Вы знаете, какие несчастные случаи бывали от испуга: покойник не то, что живой.

– Живые страшнее покойников, – отвечал Северин. – Притом же мне хочется посмотреть на ходящих покойников.

– Нам, я вижу, не отговорить вас; но если б знала об этом намерении ваша невеста, достаточно было бы ей нежно взглянуть, чтобы вы поверили всему на слово.

– Я, однако же, прошу, чтоб об этом никто не знал до завтра, – сказал Северин.

Все дали слово хранить молчание.

– Кстати, рассказал бы я вам случай с одним из моих знакомых, но уже поздно, одиннадцать часов, а в полночь вам должно быть на стороже.

И гости Ксаверия Астафьевича пожелали ему покойного сна, а Северину бодрствования, обещая на другой день приехать осведомиться о последствиях его предприятия.

Когда все удалились, кроме Северина, Елена вошла в комнату.

– Прощайте, батюшка, – сказала она тихим голосом, целуя руку отца.

– Покойной ночи, милая Елена! – произнес старик. – Что это? ты как будто не в себе? нездорова, мой друг?

– У меня ужасно голова болит, я хочу раньше лечь, – отвечала Елена. – Прощайте! – прибавила она, обратясь к Северину.

Северин поцеловал у нее руку.

– Поцелуй его, мой друг, как должно; что за церемония между женихом и невестою.

Но Елена уже скрылась.

Северин остановил взоры на дверях и вздохнул.

– Она, бедная, что-то очень нездорова вот уже третий день.

– Прощайте, – произнес Северин почти таким же томным голосом, каким сказала это слово Елена.

– Куда? домой?

– Нет, – отвечал Северин, удаляясь.

Добрый молодой человек, – заговорил сам с собою старик, охая от боли. – Елена, однако ж, кажется, не любит его... Оно и не удивительно: армейские мундиры не в силе в столице. Разумеется, что девушке хочется, чтоб муж, кроме молодости и ловкости, имел также и богатство, и вес в свете, ну а Северин хорош, да прост: все состояние его в моих руках, жених, а поневоле пешком ходит и носит старенький мундирчик. Я бы и не выдал за него, да сто тысяч отдать в чужие руки! избави Боже! да это все, что я скопил на приданое дочери. Конечно, если б минул десятилетний срок заемного письма... я бы даже медлил свадьбой... потихоньку дело бы разошлось, срок бы между тем прошел... О, тогда от моей бы воли зависело!., стал бы платить частицами... кто бы меня принудил!., а теперь, избави Боже, отступится сам, да протестует... Ох! Бог знает, что в голову мне идет... Ай! что это? Господи, Иисусе Христе!.. Покойная жена из головы не выходит, так и кажется, что идет за мной...

Свалившийся нагар с ночника вдруг осветил комнату и был причиною испуга старика, но он скоро забылся беспокойным сном.

Между тем Северин, вместо того чтоб идти домой, пробрался тайно в сад и скрылся за кустом синели подле самого крыльца. Ночь была лунная, но темная; густые облака заволокли небо, городской шум утих, не мешал соловью заливаться между столетними древами старинного сада; только изредка проносился зыблющийся стук дрожек. Это было время кипения страстей в большом свете, время, которое мирит красоту с безобразием.

Северин не сводит глаз с каменной лестницы, боится, чтоб привидение не промелькнуло даже во время мгновения ока. Он уже теряет терпение, внутренно смеется сам над собою, что хочет видеть наяву сны суеверных.

Но вот эмблема Софии Премудрости, превращенная в сову, захлопала крылами на соседнем дереве и уставила горящие очи на Северина; в глуши что-то взвыло, струя холодного ветра зашелестела листьями... что-то щелкнуло, как будто ключ повернулся в замке... Северин вздрогнул... ему показалось, что двери, ведущие в сад, отворяются... Луна выкатилась из-за тучи, из дверей появилось что-то похожее на привидение... на привидение, не отжившее еще на земле.

Это было не покойное существо, ибо оно беспокойно осматривалось во все стороны: нет ли кого живого?., тихими шагами спустилось с крыльца, чуть прикасаясь к земле, понеслось вдоль крытой аллеи. Едва переводя дух, Северин крадется по опушке между деревьями вслед за ним.

В конце аллеи, из густой клумбы появилось другое привидение; но это было мрачно, как дух-соблазнитель, окутанный в ночь.

– Елена! – произнесло оно шепотом. Северин это слышал.

Оба привидения слились в одно, исчезли в глубине дерев и ночи.

Северин это видел.

Глухой стон вырвался из груди Северина. Он сложил руки на груди, прислонился к дереву, стиснул очи, как будто весь мрак и все прошедшее озарились перед ним яркою молниею.

Вот и счастие! Любишь, любишь, любишь... и вдруг – нельзя любить.

В этом положении, опустив голову на грудь, Северин без мыслей, без памяти, простоял до восхода солнца, которого первый луч блеснул на слезе его, скопившейся под зеницею.

Лай собаки вывел его из этого беспамятства; преследованный ею, он шел по аллее к дому.

Может быть, это сон, блеснула мысль в душе его... Он приблизился к крыльцу... Двери отворены.

– Нет, не сон! – произнес он решительно и, переломив грусть свою, вошел в комнату.

Ксаверий Астафьевич уже проснулся. Человек, посланный от него, встретил Северина и просил в спальню к барину. Бледный вошел к нему Северин.

– Что с тобою сделалось... Северин Петрович? – произнес старик. – Ты видел!..

– Видел, видел! – отвечал Северин глухо, задыхаясь от прилившей к сердцу крови, и как изнеможенный бросился на стул, закрыв лицо руками.

– Полно, мой друг, да не-уже-ли покойница?.. Полно, мой друг, мы шутили... Возможное ли дело, чтоб покойницы являлись.... тебе показалось со страха... послышалось.

– Нет, не показалось, не послышалось! Прощайте! – вскричал Северин, вскочив с места. Он сжал старику руку и вышел скорыми шагами вон.

Старик остался в недоумении и ужасе: он как будто видел уже перед собою и смерть, и все разрушенные планы свои.

В этом положении застали его все приятели, приехавшие узнать о последствиях предприятия Северина, – Ну что? Ксаверий Астафьевич, каково провел ночь? Где же храбрец Северин? А? что с тобой?

Старик не отвечает, мутными очами смотрел он на всех; наконец, как будто получив слабое употребление языка, промолвил:

– Дочь мою позовите ко мне!

Слуга бросился в комнату Елены. Девушки забегали. В доме поднялась суматоха.

– Где барышня? – спрашивают все друг у друга.

– Елена! – повторил старик.

– Пойдемте, господа, – прошептали друг другу приятели Ксаверия Астафьевича. – Пойдемте! здесь не будет добра. – И все, один за одним, на цыпочках выкрались из спальни... Они поступили по турецкой пословице: "Во время беды ищи двери".

***

Прошло около двух лет, во время которых вспыхнувшая новая война открыла Северину путь к почестям. Но Северин не искал почестей; он был мрачен, равнодушно смотрел на жизнь. В битвах шел он на видимую смерть как в объятия друга, но и смерть, как привидение сада, бежала от него.

После кампании полк его расположился на временные квартиры в одном из местечек Каменец-Подольской губернии.

Однажды грустный, полный воспоминаний, ходил он по местечку. Столпившиеся близ корчмы уланы и народ обратили его внимание.

– Что такое?

– Да вот, ваше высокоблагородие, дурочка; а как важно поет да пляшет.

– Ну-ко, спой еще, Аленушка!

Дурочка запела:

> Зовут меня Аленушка,
> И сиротинка я;
> И далека сторонушка
> Родимая моя.
> Как птенчик, сер воробушко,

113

Упала я с гнезда,
Скатилась, словно с небушка
Падучая звезда.

Ужас пробежал по членам Северина, когда он взглянул на Аленушку. Это была девушка лет осьмнадцати, бледная, со впалыми очами, в рубище, длинные волосы висели почти до колен, на руках держала она как будто младенца, завернутого в платок.

"– Боже мой! Не она ли это? – произнес Северин почти вслух, пристально всматриваясь в Аленушку.

– На кусочек хлебца, Аленушка, – сказал один из толпы, подавая ломоть..

– Не надо, – отвечала она, – дай молочка ребеночку, мне нечем его покормить: вот посмотрите сами, все высохло в груди...

Вся толпа захохотала, а в сердце Северина копились слезы.

– Попляши, так дам молочка, – кто-то сказал. Аленушка заплясала, припевая:

Во сыром ли во бору,
Ранымь рано поутру,
Я сбирала мухоморы
Про милова моево!
    Каково!
Во зеленом во саду
Я плясала под дуду,
Я ногой плела узоры,
Становилась на дыбы,
    Ай грибы!

– Нет, не она! не она! – произнес Северин, тяжко вздохнув и медленно удаляясь от толпы.

Из ближнего дома вынесли молока в чашке и подали Аленушке.

Она присела на землю, откинула платок, у нее на руках был тощий котик, она посадила его к чашке молока и запела!

Котенька, котенька,
Серенькой, серенькой,
Изогнулся кот кольцом,
Лапу поднял костылем.
Моется котенька,
Ластится серенькой,
Кот мурлычет, кот поет,
Кот гостей нежданых ждет.

Ольга

Бедная! Кто узнает, что у нее на сердце? Она молчит: у нее нет друга. В 16 лет так свойственны душе мысли, сердцу чувства и желания: они переполняют края и не смеют излиться, они кипят, как в водовороте, и не смеют шуметь посреди шума людского. Бедная! Везде для нее уединение. Благодеяние приютило ее с малолетства, обуло, одело, кормит ее, учит всему, учит быть добродушной, покорной, учит жить не по своей воле, внушает в нее скромность, вкореняет чувства благодарности. О, сколько задолжала она своим благодетелям; ее природная красота взлелеяна, ум развернут, одарен всем блеском образования, ее понятия благородны, душа готова сочувствовать любви и дружбе, но это все принадлежит не ей: она ничем не имеет права располагать, ничем не может пользоваться; в ней все под замком, и она сама, как ключница, подает то из вверенных ей богатств, что потребуют. Ее всю закупило светское великодушие. Спросите же у него, кто она: амбра или мускус? "Это грязь, – скажут, – но она напиталась нашим благовонием". Как прекрасен стан ее, который так осторожно носит роскошную одежду из боязни, чтоб не упрекнули в небрежении чужого добра; как хороши ее каштановые волосы, причесанные гладко, скромно; но они не распустятся локонами, чтоб не назвали это кокетством. Как томны ее черные глаза; но взоры, эти стрелы без лука, падают к собственным стопам. Как цветущи уста ее, но они как будто созданы только для ответа. Как чист, приятен звук ее голоса; но не орган ли она, который заводят по воле и на веселую и на грустную песню? А вся она – милое существо! Если б жив был Апеллес, он нарисовал бы ее посреди общего пира, облеченную в золотые ткани, но окованную не цветами, а железом. Дитя-любовь припало к ее стопам, обняло их, прилегло головкой к ножке и плачет.

***

Она со всеми и отстранена от всех; в толпе сверстниц она не подруга, в гостиной без голоса, повсюду без воли. Прилично ли ей участие в жизни того круга, в котором она приемыш, к которому привило ее благодеяние? У ней нет родных, но есть благодетели, для нее нет ни судьбы, ни счастия, но есть покровители; и какого счастия желать ей более? Оно уже излило на нее все дары свои: бесприютная сирота принята в дом, одарена всеми потребностями жизни; чего ж желать ей? Она за одним столом с богатством и почестями, для ночлега ей отведена теплая комната, ей платья шьют иностранки, ее возят с собой в карете. Чего еще ей остается желать, если она сравнена по образованию и по одежде с людьми значущими в свете? Нужно ли ей желать богатства, этого всеобщего идола, если она пользуется всеми дарами его? Как она счастлива! Счастлива; только ей нельзя забываться: она бы забылась, если б решилась обнаружить свои чувства, ум и желания; она бы забылась, ей бы напомнили не то, что она есть, но что была, если б она дала себе цену; ей бы напомнили о чем-то страшном: несколько слов, сказанных безжалостно о милосердии, совершившемся над ней, могут заставить увянуть цветущую ее молодость. Бедная! Кто из окружающих тебя понял тебя? Кто из свидетелей твоего молчания, посреди общего шума, был свидетелем твоих чувств? Кто был глух к ликованию беспечных и прислушивался к внутреннему голосу твоей души?

Есть ли о чем ей грустить: ей говорят, что она всем снабжена, всем одарена. Ее не учили грустить, но где же научилась она грусти? Может быть, с пятнадцати лет сама природа нашептала ей про иное счастье? может быть, сравнила она свою участь с участью подобных себе, равных ей по красоте тела и души? может быть, она поняла, взвесила себя? Но грусть ее была так тиха, так молчалива и таинственна для всего окружающего. Заботятся ли люди понять душевные нужды? или думают они, что только тело требует пищи и приюта, а у души нет жажды, а сердцу не нужно постороннего пламени? Тиха была ее грусть, мирна была жизнь ее; она, кажется, приучила душу свою ко всем недостаткам, привыкла жить по чужой воле, по чужому вкусу, по чужим желаниям, применилась ко всему. Но вдруг однажды, едва румяное утро прояснило природу, вбежала она в избу садового сторожа, бледная, испуганная, в слезах; волосы ее в первый раз распустились в беспорядке по плечам.

– Ольга Владимировна! – вскричал старик Андреян, увидев ее как неожиданную гостью.

– Андреян, Андреян! – проговорила она.

– Барышня, что с тобою?., чего ты испугалась?..

– Скрой меня до ночи...

Она не могла продолжать и, как изнеможенная, в беспамятстве, припала на колени перед стариком.

– Боже, царю небесный! Что с тобой сделалось, барышня!.. Ох, да встань же... Да чему случиться?., ты, верно, нездорова, барышня? постой, я кликну...

– Нет! – вскричала Ольга, схватив его за полу. – Я здесь останусь до ночи, ночью уйду отсюда, куда глаза глядят!..

– Ольга Владимировна, – продолжал испуганный Андреян, – послушай старика... не огорчайся... Если барин или барыня рассердились на тебя, то простят... Они же тебя любят как родную... ей-ей любят! пойдем, Ольга Владимировна, я сам готов упасть за тебя в ноги господам, чтоб умилосердились, весь дом станет молить за тебя... Да встань же, Ольга Владимировна!..

И старик повалился в ноги перед стоящей на коленях Ольгой.

– Обещай исполнить мою просьбу...

– Да встань же!.. Ну, Божья святая воля! Что хочешь, только встань!..

– Скрой меня! – повторила Ольга.

116

– Ольга Владимировна, ты, верно, сроду не видала над собой грозы...

У старика капнули крупные слезы из глаз; он не знал, что подумать о бедной Ольге, он никогда не видывал таких слез.

"Верно, барыня рассердилась на нее, приказала оставить дом... – думал он. – Да за что ж на нее сердиться? Господи! Если уж на нее сердиться! Да нет, барыня... нет, она не то, чтобы добра, да не сделает этого... разве барин вспылил... он зол... Оба любили ее как родную дочь... То-то, не свое, верно, детище! и жалости нет! Вон, да и только!.."

В избе Андреяна, которая находилась в глубине сада, была только лавка да койка, на припечке горшочек, на столе сукрой хлеба, обвернутый в чистое полотенце, в переднем углу висел медный складень... Под ним села Ольга, закрыв руками лицо...

Бедная! кто узнает, что у нее на сердце? Она молчит, плачет без жалоб, у ней нет друга. Зачем она здесь? Отчего покровители ей только Бог да старый Андреян? Надолго ли приютило ее великодушие под свой роскошный кров? обеспечило оно ее судьбу, чтоб одно мгновение лишило ее этого временного мирного сна посреди мнимого довольствия жизнию? Кто знает причины, по которым с ужасом взглянула она в последний раз на сень своего младенчества? Все оставила она в нем, что ей не принадлежало, вынесла только душу и тело, но и то прикрыто чужой одеждой, за которую могут упрекнуть ее... И еще она унесла с собою образование, чужое образование, и память о прошлой жизни, унесла с собой привычки, не свойственные хижине, в которой она ищет теперь убежища.

Вдали послышались голоса.

Ольга очнулась с испугом, прислушалась...

– Идут, идут!.. – вскричала она. – Андреян... скажи, что меня здесь нет... скажи это...

И Ольга сложила руки на груди, встала перед ним с безмолвной, пламенной молитвой.

– Ольга Владимировна! – раздался женский голос близ самой хижины.

Старик испугался, вышел навстречу.

– Не видал ли, Андреян, Ольги Владимировны? Барыня спрашивает, а ее нет... Бог знает, где она!..

– Нет, не видал... не видал, – отвечал старик, стараясь произнести эти слова твердым голосом.

Заботливая беготня людей по саду для отыскания Ольги становилась более и более слышна... Андреян стоял подле дверей своей хижины, как окаменелый.

Несколько человек пробежало мимо его, повторяя вопрос: не видал ли ты барышни?

– Не видал, – отвечал он, – не видал!..

Сердце старика сильно билось: никогда не произносил он неправедного слова, никогда не знал такой боязни. Но вот послышался голос самого барина. Старик, схватив метелку, начал мести около хижины. Несколько минут стоял он, не двигаясь с места и не смея поднять глаза; но наконец вокруг него все утихло, он осмотрелся, перекрестился, и глубокий вздох облегчил его душу.

Он вошел в хижину, осмотрел все углы... никого нет.

— Ольга Владимировна! — прошептал старик. Никто не отвечает.

Вышел в сени, осмотрел все углы, снова повторил: Ольга Владимировна! Нет ответа.

— Царю небесный, где же барышня!.. Верно, ушла она... ушла! Умри, Господи, гневное сердце!.. помилуй ее!

Успокоясь, старик разложил огонь, стал готовить себе скудный обед... Пообедал, лег соснуть; после отдыха принялся за работу — чинить свою обувь. Между тем день потух. В единообразной жизни старик не жаловался ни на долготу, ни на краткость дня. Когда потемнело, он снова принялся раскладывать огонь. Вдруг дверь скрипнула, приотворилась тихо; он вздрогнул и в первый раз перекрестился от страха: что-то белое мелькнуло сквозь приотворенную дверь, блеснули чьи-то глаза.

Дверь отворилась более; это была Ольга, но она боялась войти, чтоб окно, освещенное огнем очага, не изменило ей.

— Андреян! — произнесла она тихо.

— Ольга Владимировна! Где ты была?

— Андреян, — повторила Ольга, — благодарю тебя за приют... Но еще просьба моя к тебе: отвори мне калитку сада...

— Куда ты пойдешь?.. Помилуй меня старика, выслушай праведное слово, воротись домой!..

— Ты обещал исполнить мою просьбу...

— Нет, не пущу!

— Ты погубишь меня! — продолжала жалобным голосом Ольга.

— Не пущу, не пущу одну!.. Бог накажет тех, кто обидел тебя. Ты теперь сирота, да и я старик-горе; уж если нет тебе приюта в этом доме, пойду и я с тобой, Бог помилует нас; а одну не пущу!

— Нет, не хочу этого! У тебя есть своя кровля, ты здесь на родине...

— Где она, моя кровля, когда только и видится во сне, что не в добрый час скажут: чтоб твоя нога не была здесь!.. Пойду; не хочу дожидаться, покуда сгонят с пригретого места... Чтоб тебя пустил я одну! Да у меня хлеба душа не приймет... Ты идешь — пойдем вместе. Бог с ними! На свете не без добрых людей.

— Что мне делать?.. — проговорила Ольга. — Ты мой покровитель...

Бедная девушка припала к груди старика и окропила ее слезами.

Андреян также прослезился.

— Барышня, — сказал он, проникнутый неведомым для него чувством, — я еще до сих пор не знал, как сладко иметь детей! В жизни не слыхал такого ласкового слова, какое ты сказала мне!..

Слова его прервались от рыдания.

— Да как же ты пойдешь, барышня, в этом платье? Люди признают тебя...

— И эта одежда не моя...

— Знаешь что? пойду я, возьму у кумы свиту, скажу, что племянница пришла... Она ни слова не скажет... Обожди же меня, барышня.

И старик, схватив шапку, побежал. Ольга присела в углу: горящий в печке огонек слабо освещал скудную избу. Душа Ольги наполнена не воспоминанием, не сравнением прошлой жизни с настоящею участью; ни о чем не жалеет, а желает только одного: скорее удаляться, бежать от счастья, которым наделяли ее люди. Грудь ее стеснена не боязнию о будущей судьбе своей, но страхом, чтоб ее не воротили к подножию милостей, требующих страшной платы: бесчувствия к самому себе.

Андреян скоро воротился, принес наряд Ольге: белую новую свиту, шитую в узор снурками, принес повязку и покрывало.

— Оденься скорее, Ольга Владимировна; покуда не взошла луна, уйдем отсюда, чтоб не встретить кого...

И он помог Ольге надеть свиту сверх платья. Ольга повязалась, надела сафьяновые черевички, накинула покрывало; а между тем Андреян собрал в котомку все свое богатство, запасся хлебом, перекинул тулуп через плечо, взял костыль... готов — и Ольга готова.

— Присядем же, барышня, на дорогу. Благослови, Боже, сирот бесприютных, "живый в помощи Вышнего, в крове Бога небесного..." — И старик прочел весь псалом, перекрестился, припал к земле... а Ольга, в крестьянской одежде, как дочь, последуя примеру отца, также молилась, также припала к земле.

Кончив теплую молитву, Андреян, сняв образ, поцеловал его, дал поцеловать Ольге и повесил на шею.

С трепетом вышла Ольга, придерживаясь за старика, из хижины. Вдали сквозь деревья виден был свет в окнах дома. Боязливо отклонила Ольга взоры свои от этого света. По дорожке, идущей подле забора, пробрались они до калитки. Осторожно отпер ее Андреян, а Ольга торопливо выбежала в нее из-под мрачных навесов дерев. Перед нею широкое поле; свет лунный зарит из-за дальнего леса; по равнине местами разостлался туман. Ольга не узнает знакомой ей природы, ей кажется, что перед нею стоят пространные озера.

— Куда идем мы? — спрашивает она, придерживаясь за Андреяна.

— До света нам дойти бы до лесу, а там хоть в погоню за нами.

Берега мнимых озер удаляются от Ольги. Вот она оглянулась... и сад и дом ее благодетелей видны уже как будто на острову посреди вод. Не принимая пищи в продолжение целого дня, истомленная горем и непривычкой ходить, Ольга едва переступает.

Молча идут они, как будто боясь еще говорить, чтоб кто-нибудь не узнал их по голосу и не выдал беглецов.

С востока небо стало проясняться, туманы слились в облака и заставили отдаление, как седые хребты гор. Путешественник, посетивший разнообразную природу земного шара, проезжая тоскливо по плоской возвышенности, принял бы их за подобия Альпов, обитель фей, где рыцарство свивало некогда на

119

неприступных скалах гнезда свои, обвивая их лозами винограда, или за священный Гималай, этот великий храм бога Шиве, усеянный молебницами, чудными пещерами и ликами божеств, иссеченных из громадных скал, или за холмы Галлии, над которыми раздавались бряцания невидимых арф, удары мечей в звонкие щиты и тихие песни Сельмы в мерцающих посреди утренних туманов хороводах дев Локлинских. Или, может быть, очарованный путешественник принял бы чудные образы облаков за Гиперборейские горы, в которых обитали некогда земные счастливцы, не знавшие ничего в жизни, кроме радостей, пиров и песен.

Но очарование исчезает с восходом солнца; утренний ветерок развевает облачные горы; лучи дня стелются по равнине, как по поверхности моря во время затишья.

Вот уже близок лес. Старик поддерживает усталую Ольгу. Под первым навесом дерева она падает на разостланную Андреяном свиту.

– Устала, Ольга Владимировна?

Ольга не в состоянии отвечать; склонясь на руку, она, как упоенная опиумом, засыпает.

Старик присел подле нее, вздохнул, как няня над больным ребенком, который наконец заснул после долгих страданий. Но, увидев восходящее солнце, Андреян осторожно приподнялся на ноги и стал читать про себя обычную утреннюю молитву, потом взглянул на Ольгу и стал молиться за нее.

"Как однообразно идет время!" – ропщут одаренные всем, что завидно в человеческой жизни. Перед ними блестит золото, за ними ухаживает дружба, увивается лесть, им кланяется в землю зависимость, платит десятину заемщик, молится нужда... а для них единообразно время! Сравните же прошлый день с настоящим, смотря на эту святую девушку: злобно выбросила ее судьба из высоких хором, как вещь лишнюю в обители избранных; вчера еще она дышала по милости людей ароматами гостиных, а сегодня, под кровом Божьим, дышит прохладою утра.

Но недолог был мирный ее сон. Быстро повторилась в сновидении вся прошедшая ее жизнь, и вдруг вскрикнула она, с испугом вскочила с земли, бросилась к старику, озираясь мутными взорами в глубину леса.

– Господи помилуй!

– Чего ты испугалась, Ольга Владимировна?

– Его, – произнесла она, прижавшись к старику и еще боязливее оглядываясь.

– Эх, барышня, неужели ты веришь в леших? Ведь это просто сказки! Покушала бы ты теперь; спасибо куме, дала пирожка. Кушай, Ольга Владимировна, да не прогневайся, каков есть.

И вот Ольга полуднует, сидя на траве. Перед ней разостлано полотенце, на полотенце Андреян разложил разрезанный пирог, хлеб, в одной чистой тряпочке творог, в другой – соль.

– Кушай, Ольга Владимировна, – повторял он.

– Не зови меня так, зови меня просто Ольгой, своей дочерью...

– Не приходится, барышня. При людях дело иное: люди не знают тебя, а я знаю, что ты боярского рода...

Эти слова, как упрек, были неприятны для Ольги: и Андреяна она не могла называть отцом, и он отказывался от ее родства. К какому же состоянию принадлежит она? Где ей равные? Там не удостоивали, а здесь не смеют назвать ее дочерью.

И Ольга промолчала на слова старика.

– Благодарю тебя за хлеб, за соль, – сказала она, вздохнув.

Андреян собрал скудную трапезу, уложил в котомку, и они пустились далее по дороге, которая шла опушкой леса...

– Куда же пойдем мы? – спросил он.

– Не знаю; куда-нибудь, только дальше отсюда.

– Пойдем в город; там можно трудами добыть пропитанье.

– Я согласна; пойдем.

Несколько дней шли они до города, останавливаясь на ночлег в деревнях.

Подходя к заставе, Андреян хватился паспорта, холодный пот обдал старика: паспорт остался у барина. Как испуганный, он вдруг остановился.

– Что с тобой, Андреян?

– Ничего, барышня, ничего... На заставе, может, нас спросят: откуда? Мы скажем, что здешние. Слышишь, барышня, здешние.

– А если нас остановят?

– Ну, Бог даст, не остановят... Бог поможет... Его небесная сила покров наш и заступник...

– Откуда? – спросил часовой у заставы.

– Здешние! – произнесли с трепетом и Ольга и Андреян в один голос.

Их пропустили. Андреян перекрестился, входя в город, однако же паспорт не выходил у него из головы. Что делать отставному солдату без вида? Везде его примут за беглеца, нигде не дадут другого приюта, кроме острога. А воротиться за паспортом уже нельзя: нельзя оставить Ольгу одну. И Андреян не говорит Ольге о горе своем, идет городом в раздумье: что делать?

"Положусь на волю Божью! – думал он. – Что пошлет, то и будет!"

Они зашли на постоялый двор. Андриян не смел просить особой комнаты для Ольги; заплатить было нечем.

– Хозяюшка, – сказал он тихо содержательнице заездного дома, – если б ты взяла мою дочку на свой покой? Она, бедная, не привыкла к черному народу, живала все с господами, а вот теперь пришло с отцом горе мыкать... Уж я б тебе заслужил, хозяюшка!.. А она у меня мастерица шить и в тамбур и всяким золотом и бисером.

– Да куда ж это ты ведешь ее, бедную?

– На свою родину, хозяюшка, не останет от отца.

– Изволь, изволь. Пойдем, голубушка, ко мне. Как звать тебя?

– Да уж, хозяюшка, и покорми мою дочку Ольгу.

– Вестимо.

– А что, кто здесь у вас начальник в городе?

– Городничий есть, да исправник.

– А что, добрый человек городничий?

– А Бог его знает, добрый или нет; добр, как с поклоном придешь.

– Ну, а исправник?

– Вот уж это ангельская душа, на чужой кусок не зарится.

– Смотри ж, хозяюшка, у тебя на руках моя дочка; я пойду паспорт предъявлю.

И старик, сдав Ольгу на попечение хозяйки, расспросил, где живет исправник, и отправился к нему. Страх волновал старика. Остановившись перед храмом, он прочел молитву.

Без затруднений впустили его к исправнику. При входе в комнату холод пробежал по членам, но, взглянув на человека, от которого он желал веры словам своим, старик ободрился.

– Здравия желаю, ваше высокоблагородие! – произнес он твердым солдатским голосом.

– Что тебе, старик? – спросил исправник.

– Вашего милосердия пришел просить.

Не говоря ни слова, исправник вынул из кошелька серебряную монету и протянул руку к Андреяну.

– На, возьми и ступай с Богом.

– Покорнейше благодарю, ваше высокоблагородие.

– Что ж тебе?

– Милостыни не собирал, жил службой, а теперь в беду попал: потерял паспорт, ваше высокоблагородие.

– Что ж мне с тобой делать? Я тебе паспорт дать не могу.

– Поручительства вашего прошу я до присылки из полка другого паспорта... Бог милостив... Ваше высокоблагородие поверите служивому, а полиция не поверит, засадит в колодки до справок... В остроге ничего не выслужишь, а у меня на руках дочь, девушка-невеста, бесприютная... Жила в господском дворе, полюбилась сначала господам, ее и воспитали, как родную, научили всем рукоделиям, словно барышню вели... а потом рассерчали и давай гнать... Вот я и не утерпел, взял ее да и пошел по свету горе мыкать. На грех оброни дорогой паспорт; ходил, ходил, искал, спрашивал у людей: не нашел ли кто? Нет! да и только... Помогите, ваше высокоблагородие, хоть бы какое местечко, чтоб прокормиться... Хоть в сторожа... не из большого...

И Андреян поклонился в землю исправнику.

– Изволь, мой друг, я сделаю это для тебя; если твоя дочь честная девушка, то и ее пристрою.

– Ах, ваше высокоблагородие, если б вы знали, что это за девушка! Бог свидетель, что я еще такой благочестивой и разумной на своем веку не видал...

– Если отец так хвалит дочь свою, то должно верить. Приведи ее сюда.

– Сейчас, ваше высокоблагородие! – вскричал обрадованный старик.

И он побежал в заездный дом.

– Ольга Владимировна, сударыня, пойдем вместе к исправнику: добрейший человек! Бог послал его нам.

– К исправнику! Зачем я пойду?

– Ах, барышня! Он обещал пристроить тебя к месту. Говорил я, что на белом свете не без добрых людей: что бы мы стали делать без него? Милостыню просить не приходится и старому служивому, не только что тебе, барышня.

Слово милостыня отдалось в сердце Ольги; убегая от вещественного довольствия в жизни, из дома, где слово нужда было непонятно, она еще не успела подумать о том, что предстояло ей в будущем. Слово милостыня вдруг напомнило ей все, предстоящее девушке, у которой ничего нет, кроме жизни, жизни цветущей, но которой легко увянуть без родства и покровительства. У ней есть покровитель, он все для нее готов сделать, готов пожертвовать собою, он уже озаботился об ее счастии, он уже рекомендовал ее как дочь свою доброму человеку. Она нравится, ей предлагают место горничной – должность нетрудная: ходить за барышней, угождать ей, вести себя честно, не рыскать, не вести знакомства... И эти слова говорятся девушке образованной, которая может украшать собою круг избранных, просвещенных, и она должна это слушать, молчать, скрывать свои чувства, скрывать себя.

– Уговор лучше денег, – повторяет ей будущая ее барыня. – Прошу у меня не лепиться, быть расторопной; белоручек я не люблю! Пять рублей в месяц жалования, а хорошо поведешь себя – к празднику на платье; случится, за хорошую услугу и свое отдам. Что ж ты, моя милая, молчишь? Хочешь или нет на этих условиях?

Андреян тут же стоял; и в нем эти слова перевернули сердце, и он почувствовал в эту минуту положение Ольги.

– Барыня, – сказал он, – уж без условий примите мою дочку; она не знает еще этих обрядов, Бог не приводил еще ей терпеть нужду...

И старик поклонился в ноги важной супруге исправника, а у Ольги покатились из глаз невольные слезы.

– Изволь, пожалуй и без условий, по службе буду и награждать. Перевези же, милая, свой скарб: ты мне понравилась.

– Все, сударыня, что есть богатства, то на ней, – сказал мнимый отец Ольги.

Ольге велит барыня идти в переднюю. И Ольга выходит в переднюю. Прослезившись, и Андреян вышел. Вот окружают Ольгу новые подруги. Называют ее также милой, приглашают обедать на кухне.

– Благодарю вас, я не хочу обедать, – отвечает им Ольга. Ее самолюбие начинало страдать, но судьба посвятила ее уже в новое состояние, и должно довольствоваться своей судьбой и этим новым состоянием, на каждом шагу сбавлять с себя цены, зажимать уста ропщущему сердцу, вытравлять зародыш каждого желания, слепнуть, глохнуть, неметь перед всем, что соблазняет чувства, тушить зарю каждой надежды и, довольствуясь недостатками и нуждами, принести себя добровольно на жертву ничтожеству.

С участью нет тяжбы. Предавшись участи своей, можно жить и в людской; оглашенные изгоняются из храма не за преступление: можно молиться и на паперти. Но тяжело жить между враждующими, тяжело молиться посреди соблазнов. Можно знать свою обязанность, не отступать от нее, но трудно исполнять обязанности посреди хаоса; посреди хищных животных не место агнцу. Так и Ольга в первый день грустного новоселья своего испытала все, что убивает мир души. Толпа новых подруг ее учит уже ее всем ухищрениям нового быта, рассказывает ей подробно всю домашнюю подноготную, все отношения господ своих к городу, к семье и к дворне, все события, которые могут поселить ненависть к ним, все недостатки их и слабости, которыми можно пользоваться.

Ольга поневоле слушает, что говорится в четырех стенах, где судьба бросила ей войлок вместо ложа. Ольга молчит, смиренно покорствует воле госпожи своей, другой день нейдет на зов к обеду. "Барышня!" – шепчут про себя ее товарки. И вот чрез несколько дней барыне уже пересказано, что Ольга белоручка, ни за что не примется, не идет на кухню обедать, хочет, чтобы ей носили обедать на девичью.

– Я тебя, сударыня, не в компаньонки наняла, чтоб за тобой ухаживали служанки! Для тебя особенного стола не будет! Прошу обедать вместе с прочими, на кухне!

Ольга покоряется. Ее усаживают за стол. Подле нее нет Андреяна, ее покровителя: он сторожем в загородном саду. Она краснеет посреди толпы дворни.

– Кушайте, Ольга Андреяновна, – говорит ей сосед ее, и Ольга вскрикнула, вскочила с ужасом из-за стола, бежит вон: грубая рука прикоснулась к ее плечу.

Проходит еще несколько дней. Ольга изнемогает от слез, которые льет она во время бессонных ночей. Она питается только черным хлебом.

"Нет, – думает она, – я пойду просить милостыню посреди дороги! Не останусь здесь!" – С нетерпением ждет она Андреяна, который через день навещает ее, но несколько дней Андреян уже не является; Ольга в отчаянии.

Вдруг призывает ее к себе исправник.

– Милая моя, – говорит он ей, – отца твоего взяли в полицию; я поверил старому служивому, а он обманул меня: городничий получил уведомление, что отец твой скрылся без паспорта от господина своего и снес разные вещи...

Ольга, пораженная этой новостью, оцепенела.

– Нет, это неправда! – вскричала она. – Он ничего не взял чужого!.. Я порука за него!

Слезы брызнули из глаз Ольги, а лицо после мгновенной вспышки ужаса помертвело.

– Поручительство дочери, милая, не поможет.

– Спасите его! спасите! – произнесла опа трепещущим голосом, скрестив руки на груди и устремив полный слез взор на исправника. Она поразила его этим взором, он с удивлением и с жалостью смотрел на Ольгу.

– Послушай, друг мой, – сказал он ей, – в подобном случае никто не может спасти отца твоего, кроме его господина; его только можешь ты просить, и он только может дать другой оборот этому делу. Я читал бумагу, доказательства явны: шесть лет нанимался он у него и вдруг, оставив паспорт, без аттестата, скрылся. Что ж это значит?

– Он не виноват, не виноват; я знаю, что это значит... – вскричала Ольга.

– Так ступай и объясни в полиции, оправдай своего отца.

– Оправдать! – произнесла Ольга, не изменяя своего положения. Слезы ее вдруг остановились.

– Впрочем, милая, – продолжал исправник, – тебе не поверят; городничий и тебя задержит. Лучше последуй моему совету: торопись скорее к барину и проси за отца.

– Пойду, – произнесла Ольга, закрыв лицо руками, – пойду! Я хочу его видеть... я его погубила! – И она выбежала из комнаты.

– Бедная девушка, – сказал исправник, провожая ее глазами, – она не похожа на солдатскую дочь.

– Что же ты нашел благородного в ее слезах? – спесиво произнесла исправница.

– Я тебе растолковать не умею, – отвечал он, – но, по крайней мере, за две недели службы ее у нас надо ей что-нибудь дать... У ней нет никакого вида.

– Да, – произнесла исправница колко, – но у нее приятная наружность и очень много благородства: она гнушалась даже садиться за стол с дворовыми людьми...

– Послушай, – сказал исправник посыльному, – ступай и вороти Ольгу ко мне.

Между тем как посыльный собирался отыскать Ольгу, она прибежала к полицейскому дому.

– Скажи мне, где содержится Андреян... солдат? – спросила она у полицейского инвалида.

– Солдат? беглый?

– Да... – произнесла шепотом Ольга.

– Эге!.. Далеко он теперь: еще поутру отправили всех беглых в губернский город.

– Боже! – вскрикнула Ольга, всплеснув руками и обратив взор на небо.

Слезы копились и вдруг хлынули двумя потоками по бледному ее лицу.

– Что ж ты, сударыня, плачешь? а? Слезами не воротишь милого дружка.

И полицейский солдат хотел взять ее за руку, приласкать... Ольга вздрогнула, бросилась от него... Как потерянная идет она по улице.

125

– Где почта? – спрашивает она у проходящих и бегом торопится к почтовому двору.

На почтовом дворе звенят колокольчики, ямщики запрягают и отпрягают лошадей. Ольга бросается к толпе их.

– Мне нужно нанять лошадей, – говорит она.

– Куда, голубушка?

– В село Р..... Только поскорее.

– Скоро ты больно! Аль по курьерской надобности?.. Изволь, я наймусь. Барыня, что ль, какая едет?

– Нет, я... я одна...

– Большая поклажа?

– Никакой!.. Довези меня, добрый человек, я отдам тебе все, что имею...

– Двадцать рублей дашь, так поеду.

– Возьми золотой мой крест, он стоит двадцать рублей, только вези меня скорее.

И Ольга сняла с шеи крест, отдала его в руки ямщику. Удивленная толпа окружила ее.

– Что, ребята, везти или нет?

Ямщики задумались.

– Да она, может, какая бегляшка?

– Где ж ямщик? – вскричал офицер, выходя с станции и садясь на повозку.

– Сейчас, ваше благородие.

– Что там такое?

– Да вот, Бог весть, какая-то девушка нанимает везти ее, а заплатить нечем: довези ее за крест золотой; мы и подсумнились: верно, беглая...

– Стой!

Офицер соскочил с повозки, подошел к Ольге, которую окружили ямщики.

– Пустите меня! – кричала она, пробиваясь сквозь толпу.

– Полно! Сказывай, чья ты?

– Прочь! – вскричал офицер, растолкнув толпу. – Что тебе нужно, милая?

– О, защитите меня! – повторила Ольга жалостным голосом.

– Не бойся, милая, тебя никто не обидит!.. Что тебе нужно, мой друг?

– Ничего не нужно мне!..

– Ты нанимала лошадей? тебе нечем было заплатить?

– Вот крест отдает, ваше благородие; только, говорит, довези до села Р.....

– До села Р.....? – повторил офицер с удивлением. – В село Р....., миленькая?

– Ах, да... Мне нужно туда скорее... я просила их...

– До села Р..... я довезу тебя даром; мне по дороге... Садись со мной и будь спокойна... Где твоя поклажа?

126

– Благодарю вас!.. – произнесла Ольга, взглянув на офицера недоверчиво, но взором, полным слез.

– Не бойся меня, мой друг... Где же твоя поклажа?

– У меня ничего нет.

– Крестик-то свой возьми, голубушка, назад. Офицер с жалостию смотрел на Ольгу; черты ее лица и красота поразили его; он помог ей сесть в повозку подле себя, велел ехать. Лошади двинули с места, понеслись, колокольчик зазвенел.

Придерживаясь одною рукою за тряскую повозку, а другою прикрыв лицо, Ольга молчала. Офицер продолжал рассматривать ее. Любопытство узнать, кто она и для чего едет в село Р....., томило его. Наконец он не вытерпел, прервал молчание:

– Можно знать мне, миленькая, причину, которая заставляет тебя торопиться в село Р.....?

– Я не могу этого никому сказать, – отвечала Ольга.

– На мою скромность ты можешь положиться; может быть, какое-нибудь несчастие... Я желал бы подать помощь.

– О, если б вы знали, сколько я уже вам обязана, – отвечала Ольга. Взгляд Ольги и голос, каким она произнесла эти слова, еще более убедили офицера, что Ольга не из низкого состояния.

– Подобную помощь я мог подать всякому, но для вас я хотел быть более полезным, – продолжал он. – Скажите мне причину слез ваших... Я заметил, что они и при исполненном вашем желании не перестают течь...

– Не могу! – отвечала Ольга.

Решительный ответ прервал слова офицера, но он не сводил глаз с Ольги.

Две станции проехали; от последней село Р..... только в двух верстах.

– В село Р....., – сказал офицер ямщику,

– О, благодарю вас! я дойду пешком отсюда.

– Я взялся довезти вас до села Р..... и довезу; притом же и моя дорога лежит через это село... Прикажете ехать в дом помещика?..

– Ах нет! – вскрикнула Ольга с ужасом. – Нет! Я остановлюсь на постоялом дворе.

Это восклицание, казалось, удивило офицера:

– У вас есть там родные?

– Нет! – отвечала Ольга, глубоко вздохнув.

– К кому же вы едете? – продолжал настойчиво офицер.

– Я имею просьбу к помещику...

– Так он вам знаком?

Ольга вспыхнула.

Офицер это заметил.

– Да, я его видала... – отвечала она, стараясь скрыть смущение.

Вот лошади примчались к постоялому двору. Офицер помог Ольге сойти с повозки.

– Благодарю вас! – произнесла Ольга, взяв за руку офицера. –

Благодарю вас! – повторила она и, накинув платок на лицо, хотела идти.

– Позвольте же мне оказать вам последнюю услугу: я распоряжусь, чтоб вам дали приличную комнату; здесь люди грубы... – И офицер шепнул денщику на ухо: – Не говори здесь, кто я! Слышишь?

– Слушаю-с, – отвечал денщик.

Когда услужливая хозяйка показала Ольге маленькую комнату, она снова распростилась с офицером, и молодой человек поневоле должен был ее оставить; но, кинув последний взор на ее болезненное лицо, – нет, – подумал он, – я шагу не сделаю отсюда, покуда не узнаю, кто она и зачем здесь!

Заняв комнату рядом, он призвал хозяйку.

– Послушай, милая, – сказал он ей, – что бы ни потребовала девушка, приехавшая со мной, я за все плачу вперед.

И он отдал хозяйке несколько червонцев.

– Я спрашивала ее, сударь, да ничего, вишь, не хочет; потребовала только пера да бумаги, а у меня на горе нет: хоть к писарю беги; разве вы изволите дать, да уж кстати и сургучику.

"Она пишет!" – подумал офицер. – Хорошо, я дам бумаги...

Он велел внести шкатулку свою.

– Она, верно, посылает записку в двор?

– Да уж вестимо, – сказала хозяйка, выходя.

– Послушай, милая: когда будешь посылать записку, то уведомь меня; кстати и мне нужно послать к помещику...

– Хорошо, сударь, хорошо.

Офицер с нетерпением ждал посыльного. Вскоре хозяйка привела с собой мальчика...

– Вот, сударь, он снесет записочки ваши.

– Пусть же он подождет здесь; я сейчас напишу.

Хозяйка вышла.

– Куда же ты дел записку, которую тебе поручили отнести? – спросил вдруг офицер мальчика.

– Да вот, – произнес испуганный мальчик, вынимая из-за пазухи завернутое в платок письмо.

– Покажи сюда! – И он взял письмо, сложенное запиской, взглянул на надпись: написано по-французски "A monsieur d'A...".

– Она, вишь, не велела никому отдавать, кроме барина.

– Неси скорее, да смотри, отдать в руки самому барину...

Мальчик ушел.

Беспокойно ходил офицер по комнате и, часто подходя к запертой двери, которая вела в покой Ольги, прислушивался. Все было тихо, только иногда приходила хозяйка с предложением, не прикажет ли Ольга что-нибудь покушать. Один ответ: нет. Наскучив ожиданием, офицер вышел проходиться, пошел по направлению к роще, которая прилегала к помещичьему саду.

Вскоре возвратился посланный Ольги, отдал ей ответ.

– Боже! – вскрикнула она, развернув записку. – Этот человек хочет моей смерти!..

Голова Ольги склонилась на руки, слез не было в очах ее: она уже выплакала их; и к чему слезы – эти родники несчастного сердца, когда они уже не могут ни утолить болезненной жажды, ни утушить огня, сжигающего внутренность?

Бедная! у ней нет друга, которому она могла бы сказать хоть "прости!" Нет друга, который спросил бы ее: "Куда ты идешь, Ольга?"

Уже смеркалось; офицер возвращался домой. Подходя по тропинке рощею, вдруг заметил он Ольгу: она пробиралась опушкою к ограде сада. Скрываясь от нее, он шел за ней следом.

Она села под густой липой на дерновой скамье и закрыла лицо руками.

Не прошло нескольких минут – вдали скрыпнула садовая калитка; вышел мужчина в плаще, осмотрел вокруг себя и пошел прямо к роще. Он приближался к липе. Его шаги вывели Ольгу из онемения; она сжала руки, с ужасом взглянула на неизвестного, которого глаза, казалось, загорелись, увидев ее.

– А, Ольга, ты думала уйти от меня, – произнес он со злобной улыбкой, подходя к ней и намереваясь сесть подле нее на дерновой скамье. Но Ольга упала перед ним на колени, с умоляющим взором сложила накрест руки, хотела говорить и не могла произнести ни слова.

Неизвестный взял ее за руку. Она отдернула руку.

– Пощадите бедного старика!.. – произнесла она наконец задыхающимся голосом.

– Изволь, мой друг, я для тебя все сделаю, Ольга...

– Клянитесь мне, клянитесь, что вы избавите его и дадите ему приют по смерть...

– Клянусь тебе, Ольга, клянусь! – И он схватил снова руку ее, но снова она отдернула.

– Еще одна просьба... – И Ольга бросилась в ноги к нему: – Пощадите меня!

Неизвестный, не отвечая ни слова, обхватил Ольгу, но она была уже без чувств, тяжела, как камень.

– Отец!! – раздался вдруг голос подле.

Ольга выпала из рук неизвестного.

– Отец! – повторил офицер и, бросившись к беспамятной Ольге, он схватил ее на руки и исчез в завороте тропинки, ведущей к селу.

***

Бедная, кто узнает, что у нее на сердце? Она молчит, молчание ее так уныло, сердце ее так сжато. Что сделала она худого, что вышла замуж, что муж любит ее более себя, что она любит мужа более себя? За что ж совесть ее упрекает, а люди говорят про нее недоброе? Люди говорят, что она свела запрещенные связи с молодым человеком, сыном своих благодетелей, бежала с ним из дома, что через нее лишен он наследства...

129

– Ольга, о чем ты грустишь? Признайся мне, у тебя что-то лежит на душе? Любовь не таит сердца... – сказал однажды ей муж.

У Ольги полились из глаз слезы.

– Признайся, друг мой! – повторил он.

– Мое признание не поможет, – отвечала Ольга, – но я должна тебе сказать... Если б я знала, что ты сын его, я бы не вышла за тебя замуж; но ты скрыл от меня... и... твое благодеяние лишило тебя наследства и любви отцовской, а меня спокойствия. Я буду несчастной причиной будущего твоего раскаяния...

– Ольга, Ольга! Если бы твои благодетели назвали тебя своей дочерью и, по капризу на родных, вздумали тебя сделать наследницей своего богатства, захотела ли ты пользоваться этим счастием?

– Нет, оно чужое.

И мне чужое все в доме их; я был прививное дерево, носил не свое имя; с малолетства взяли они и меня, как тебя, на воспитание и отдали в корпус; я, может быть, не узнал бы этого никогда, если б, к счастию, наш общий благодетель в гневе не уведомил меня сам. Ольга, меня хотели лишить отцовского имени! Я его не променял бы никогда на мнимое право владеть чужим богатством и благодарю судьбу, что тайна раскрылась прежде, нежели совершилась несправедливость. Может быть, я уронил бы чужое имя, может быть, чужое наследие жгло бы тайно, мучило мою душу... Может быть, я бы пал под чужой ношей. Нет! – малое свое дороже, вернее незнакомого величия.

Ольга обняла мужа своего.

– Мы равны и несчастьем своим, – сказала она. В это мгновение раздался в другой комнате голос:

– Где моя барышня, Ольга Владимировна? Пустите меня взглянуть на нее...

– Андреян! – вскричала Ольга, выбегая из комнаты. Старик стоял в дверях... Ольга обняла его со слезами радости.

– Тебя освободили, Андреян?

– Да что ж бы они сделали правому? – гордо спросил Андреян.

Радой

I

Вскоре после покорения Варны приехал я в эту крепость. Жители, турки, еще не выбирались из нее по условию; они еще, собираясь в дорогу, продавали свое движимое и недвижимое имущество грекам, армянам и русским. На площадке давка, толкучий рынок – дешевизна, соблазн ужасный: турецкие шали, персидские ковры, чубуки жасминные и черешневые в сажень, роскошные янтарные мундштуки, арабские кони, бархатные седла, шитые золотом, пистолеты и ятаганы, одежда восточная и утварь... Как не купить чего-нибудь турецкого на память Варны и не вывезть в Россию? "Что стоит шаль? Кэтс пара?" – "Алтыюз лева". Шестьсот левов турецкая шаль! Шестьсот левов составят только двадцать червонцев, а у меня их полный карман!.. Давай!.. "Что стоит конь?" – "Бин лева". Тысячу левов арабский конь, белый, как снег, шерсть, как атлас, смотрит орлом, крутится вихрем, мчится стрелой! Давай!.. Греческая женская фермеле, на горностае! "Кэтс пара?" – "Юз лева". Сто левов!.. Давай!..

В день, в два турки увидели, что у нас нет левов, а есть только червонцы и что эти червенца, тридцатилевники, для нас дешевле шелухи, выбиваемой на монетном дворе его султанского величества. И вот на другой же день о левах и речи нет. Кэтс пара? – Ики червенца, он червенца, юз червенца. Ни один разумный османлы про левы и слышать не хочет.

С досадой в душе, что не удалось купить прекрасной розовой шали за бин лева, потому что ее цена, в честь щедрых победителей, превратилась вдруг в ики юз червенцы, я отправился верхом на арабском жеребце, которого уда-лось мне купить у Тегир-паши на левы.

Насмотревшись вдоволь на Черное море и не заметив в нем ничего черного, я заехал в арсенал, где свалено бы-ло оружие всего турецкого гарнизона, защищавшего Вар-ну... Тут были горы сабель, ятаганов, ружей, пистолетов, и можно было ходить по этим горам, как по иглам желез-ного ежа, колоть и резать себе руки и ноги и выбирать что угодно на турецкую голову и на украшение стен над ложем почиющих от трудов героев. Выбрав с десяток ятагапов Анадоли, пар пять пистолетов и ружей Шешене и Дели-Орман да с дюжину сабель Килич, подобных но-ворожденной луне, я отправил свой трофейный арсенал на квартиру и пустил плясать коня вдоль торговой узенькой улицы. Гордо несся конь мой, согнув в крутую дугу выю и кивая головою; пунцовые шелковые кисти рассыпались на все стороны над благополучными знаками лба его. Душа так и радовалась доброте коня!

Остановясь подле лавки, где жгли кафэ, мололи его в прах и сыпали, как муку, в закромы вроде яслей, я велел отвесить себе бир ока. Базаргян отвесил одно око[47], вынул из ящика сверток бумаги, оторвал лист, свернул ворон-кой... Ба, ба, ба! Писано по-русски!.. "Отдай мне это!" Турок покачал головою и стазал "Шок!" – "Пожалуйста, отдай!" – "Иок, иок!" – "Ну, возьми пара: кэтс пара?" – "Элли червенца/" – "За сверток оберточной бумаги пять-десят червонцев! Ах, ты бирадам проклятый!" У меня во-лосы стали дыбом, но любопытство... и можно ли жалеть денег за русскую рукопись,

---

[47] старинная мера веса (ок. 400 г.) и жидкости (ок. 1,14 л.).

найденную в Варне, в руках базаргяна? "Возьми бир червенца". – "Иок/ Элли первен-ца!" Что делать! Он, злодей, всю русскую рукопись скорей употребит на обертки, чем уступит хоть одну пару из пя-тидесяти червонцев. Вздохнув, я отсчитал пятьдесят чер-вонцев, схватил свернутую тетрадь и кафэ, завернутый в отодранный лист, поскакал домой...

И вот посреди бывшего гарема с резным потолком и стенами, с решетчатыми окнами раскинулся я на ковре спокойствия, как Улема с китабом в руках, с чубуком в зубах, и стал читать рукопись без заглавия и без начала.

"Хм, – сказал я сам себе, – что это? Былое это или про-сто сочинение какого-нибудь русского повествователя, попавшего в плен к туркам со всем вьюком повестей и рома-нов?"

В продолжение кампании денщик мой часто покушался употребить эту тетрадь без заглавия точно так же, как баваргян, но я отстаивал ее и просил убедительно, чтобы он не смел ни сапогов, ни эполетов, ни даже аксельбанта за-вертывать в листы свертка синей исписанной бумаги.

– Да что им сделается? – повторял он мне всегда с сердцем. – Во что ж я заверну?

– Вот тебе на обертки, – говорил я, бросая ему десть бумаги.

За белую чистую бумагу денщик мой ужасно как был зол на сверток синей бумаги и при укладке вещей во вью-ченные чемоданы с презрением всегда выкидывал его и нехотя укладывал снова.

"Бедная повесть неизвестного сочинителя! – думал я, возвратясь в Россию. – Отстоит ли тебя судьба от употреб-лений на обертки, когда ты будешь напечатана?"

***

"...колени, и другой старался напроказить, чтобы стать на колени подле товарища; в классе и за столом рядом, сочинять стихи: Ура! вакация пришла! – Вместе...

II

Мемнон познакомил меня с отцом, с матерью, и со всею своею роднёю. Когда я увидел в первый раз его двоюрод-ную сестру Елену – прощай, восторженная любовь к нау-кам! Напрасно повторяли мне, что "науки юношу питают, отраду в старости дают". При Елене я стыдился назва-ния ученика и думал только о военном мундире: какое наслаждение явиться перед ней в колете, гремя саблей и шпорами! Но едва возвращался домой – поэзия обуре-вала душу, стихи лились потоками... Черные, огненные глаза, темно-русые локоны, коралловые уста, ланиты, пер-си и зависть к тому праху, который попирает она, и рев-ность к тому корсету, который так крепко сжимает ее... и

Как звезды по небу, рассыплю по тебе
Милльоны страстных поцелуев!

Соловей не воспевал на столько голосов своей любими-цы розы. В то время слово поэт много значило в понятиях женщин: поэт был в глазах их воплощенными чувствами пламенной и постоянной любви, бескорыстным жрецом добра. Тогда говорили все друг другу: "Смотрите, смотри-те, вот поэт!" – "Неужели?" – разносилось шепотом в тол-пе, и всё смотрело благоговейно на поэта и думало: это не просто человек, который пишет стихи! И всё ожидало: вот, вот посыплются из уст его рифмы!

Когда Елена узнала от Мемнона, что и я поэт, – "на-пишите на меня сатиру", – сказала она мне, подавая перо и розовый листок бумаги. Я зарделся зарей, присел, заду-мался и написал:

Желал бы я на вас сатиру написать,
Но даже выдумать не в силах укоризны:
Я мог бы вас капризною назвать,
Да вы, как ангел, и капризны.

Елена прочитала и взглянула на меня так нежно, так упоительно, что от полноты блаженства сердце как будто всплыло во мне, стеснило, заняло дыхание, и я стоял подле Елены как беспамятный, не слышал, что она говорила мне, не видел, как она отошла от меня.

Эта минута совершенно помутила во мне все чувства; я ходил, как потерянный, с каким-то убеждением, что Еле-на любит меня. Я сторожил ее взоры, прислушивался к задумчивости – Елена вздыхала!.. Мне хотелось ска-зать ей: я вас люблю! Только и думал я, каким бы обра-зом сказать ей эти три слова, но никак не придумал: то не-ловко, то нельзя, то некстати. Часто я давал себе клятву: "Сегодня ни слова не скажу Елене, кроме "я вас люблю, Елена!" – и всегда изменял клятве досадным вопросом: "Как ваше здоровье?" Начинала ли она говорить со мною – я торопился отвечать: кровь бросалась в лицо, язык немел. Молчала ли Елена – я не смел прервать ее молчания: может быть, она думает в это время обо мне!

Чувства свои, однако ж, заботливо таил я от Мемнона. "Можно ли сказать брату о любви к его сестре?" – думал я и при нем старался быть как можно равнодушнее с Еле-ной. К счастию, замечая мою рассеянность и задумчивость, он допрашивал меня о причине и говорил только: "Ты, я вижу, рожден поэтом".

В напрасных покушениях сказать Елене "я вас люб-лю!" прошло несколько месяцев. В одно воскресенье я про-был почти целый день с Мемноном у дяди его; со вздохом взял уже шляпу, взглянул на Елену грустным взором, шаркнул, неловко повернулся уже к дверям – вдруг она остановила меня словами: "Вот вам на память моя рабо-та", – и подала мне прекрасный бумажник, на котором была вышита беседка и посреди ее жертвенник с пламе-нем.

Помню, что я бросился к руке Елены, но что сказал, как вышел из комнаты, приехал ли домой или пришел пеш-ком – ничего не помню.

Горячо расцеловал я подарок Елены, бережно уложил его в шкатулку, запер, снова вынул, еще раз поцеловал, снова спрятал... Мне хотелось сказать кому-нибудь: как я счастлив! – встретить кого-нибудь, кто бы спросил меня: чему ты так радуешься? И я пошел, сам не зная куда, и вдруг мне стало страшно: что, если кто-нибудь украдет шкатулку мою! Бегом пустился я назад, запыхавшись при-бежал в свою комнату, бросился к шкатулке, вынул из нее мое сокровище, расцеловал, положил в карман, пошел опять и дорогой почти на каждом шагу ощупывал, тут ли мой бумажник. Поздно уже было, когда я очнулся и за-метил, что стою против дома с закрытыми ставнями. "Еле-на уже спит!" – подумал я и медленно пошел домой. Ло-жась в постелю, я положил подарок Елены в изголовье... задумался о ней... Едва сон начнет оковывать чувства – вдруг мысль: тут ли он?., спугнет сон, и рука тянется под подушку. Так прошла вся ночь, так прошла вся неделя. Не-терпеливо ждал я воскресенья; наконец оно настало, и я отправился к Мемнону, чтоб ехать с ним вместе в дом его дяди.

– Их уже нет в Москве, – сказал Мемнон. – Они уехали в деревню, – продолжал он, не замечая впечатления, которое произвели на меня его слова.

Скрывая внутреннее волнение от Мемнона, я присел к фортепьяно и в первый раз почувствовал, как музыка необходима для сердца, убитого горем; в первый раз стал я фантазировать и высказывать жалобы души звуками. Флегматик Мемнон не понял моих звуков.

– Полно, братец, бренчать, – сказал он. Я вскочил, ушел от него и опомнился над листом бумаги, на котором написано было: На разлуку.

Голова моя лежала на левой руке, в правой держал я перо; слезы катились по лицу.

– Да ты, я вижу, поэт! – сказал мне однажды и отец, замечая мою рассеянность и задумчивость. – Жаль! я думал, что из тебя выйдет что-нибудь порядочное...

III

Мысль – скорее прославить себя и явиться достойным любви Елены – преследовала меня. Отец не противился желанию моему служить в военной службе; меня опреде-лил в корпус, расположенный в Московской губернии, но я перепросился в Кавказский корпус и полетел на попри-ще своей славы.

Несколько экспедиций в горы были счастливы для ме-ня. Любовь сильнее честолюбия жаждет офицерского чи-на; вскоре я получил его. Еще чин поручика, думал я, и мне не стыдно будет сказать Елене: я вас люблю!

Но другой чин не так легко достался мне: я был взят в плен черкесами. Целый год пробыл в неволе у узденя Аллагюко и умер бы в неволе, если бы добрая Мазза, дочь его, не спасла меня. С помощию ее я бежал, но был ранен вдогонку пулею в плечо. К счастию, казачий пост был близок, и меня привезли в Тифлис. Едва вышел я из опас-ного положения, как встал с постели и мне подвязали ру-ку черным платком. Черный платок как будто оживил ме-ня; гордо взглянул я на себя в зеркало. Если бы видела меня теперь Елена! О, скорее в отпуск для излечения ран! Я боялся, чтобы рана моя не зажила совершенно до при-езда в Москву.

Разумеется, получив отпуск, я не медлил ни минуты и, несмотря на совет медика дождаться весны, поскакал по мартовскому ухабистому пути.

В продолжение трех лет все переменилось, кроме моего сердца. Я мог попасть в плен, но моего сердца не пленила черноокая, пламенная черкешенка: я был тот неблагодар-ный кавказский пленник, который даже не оглянулся на бедную Маззу, когда воздух свободы обвеял его и надежда видеть Елену оживила душу.

По приезде в Москву я застал Мемнона уже хозяином дома, владельцем, помещиком.

– Тебе остается только жениться, – сказал я ему.

– Это одно мое желание, – отвечал он.

– За чем же стало дело? Мало ли в Москве невест! Выбирай любую: ты богат, молод, хорош собою.

– Не выбирать хочу я... встретить ее. Я не верю ни сравнениям, ни испытаниям, сердце и рассудок могут быть обмануты; только одно не обманет: голос души при неожи-данной встрече. Душа говорит, душа скажет: вот она, вот та, для которой создано твое сердце!

– Ты прав, Мемнон! Я испытал уже такой голос ду-ши, – вскричал я невольно.

– Не в ущельях ли Кавказа? Не в сакле ли во время плена? Бедный! мне жаль тебя, но, верно, свобода милей взаимной любви черкешенки: ты бежал от твоего счастия...

– О, нет, Мемнон! Мое счастье здесь, может быть, в Москве! – сказал я со вздохом и признался Мемнону, что люблю его сестру, что время не изгладило моей любви к Елене, что моя любовь к ней будет первою и последнею в жизни.

– И ты скрывал свои чувства от друга и брата! – ска-зал Мемнон с упреком.

– Друг и брат! – повторил я, обнимая его.

Елены не было в Москве, но, по словам Мемнона, она должна была скоро приехать.

В продолжение целого месяца я изнывал от ожидания и от боязни, что должен буду явиться Елене без повязки, без явного признака моих подвигов под стопами Кавказа.

Я жил у Мемнона, и мы по десяти раз в день посылали в дом его дяди узнать: приехали ль?

Нет и нет!

— Приехали! — произнес наконец неожиданно вошедший слуга. Если бы сонному вскрикнули над ухом: пожар! — он не так бы испугался, как испугался я, когда раздалось в дверях слово: приехали!

На другой же день Мемнон отправился с визитом один и вскоре возвратился.

— Я попросил позволения представить своего постояльца, — сказал он мне. — Сестре ужасно как хотелось знать, кто этот постоялец, но я утаил, чтобы удивить и обрадовать ее твоим неожиданным появлением.

Страшна была для меня минута готовности ехать; я медлил — Мемнон торопил меня.

Можно быть лучше всех, но если бы кто-нибудь сказал мне, что можно быть лучше самой себя, то я бы смеялся над тем. Красота четырнадцатилетней Елены врезалась в моей памяти. Я так привык в продолжение трех лет лю-бить ее и верить, что ничего не может быть совершеннее ее, и вдруг я должен был разочароваться, изменить ей для Елены восемнадцатилетней.

— Вы ранены! — вскричала она, узнав меня и взглянув на подвязанную руку.

— И как опасно ранен! — заметил Мемнон, улыбаясь.

Участие Елены и встреча были так обольстительны! Внимательно расспрашивала она меня обо всем, что случилось со мною после отъезда из Москвы.

— Сохранили ли вы мою память? — спросила она между прочим.

Можно ли было не ласкать себя надеждой и не торо-питься дать отдых сердцу в сладкой задумчивости?.. Для первого шага к счастию слишком было довольно. Я хотел унести с собою всю полноту впечатления, встал, раскла-нялся, взглянул на Мемнона, но он с улыбкой дал мне знак, что останется. Я понял этот знак, и сладостное чув-ство, наполнявшее меня, вдруг исчезло: оно заменилось страхом. Я бросил на Мемнона умоляющий взор, чтобы он помедлил решать мою судьбу, но Мемнон не понял ме-ня; я уехал. Как мученик собственных чувств ждал я воз-вращения Мемнона. Когда он вошел, я вскочил с дивана из тучи дыму, которым обдавал себя, не замечая того, взглянул, и — сердце замерло.

— Говори, Мемнон, убей меня! — вскричал я, схватив его за обе руки. — Говори! — повторил я с отчаянием, за-метив, что он медлит, обдумывая, что ему сказать.

— Успеха еще нет, но надежда не потеряна, — отвечал он, обнимая меня. — Я говорил с теткой своей: ты ей нра-вишься, она желала бы...

— О, довольно! Не продолжай!.. Я понимаю: Елена не любит меня!

— Напротив, — сказал Мемнон сурово, — если бы это зависело только от Елены...

— Правду ли ты говоришь, Мемнон?

– Дядя всему преграда. Он, не заботясь ни о согла-сии жены, ни о сердце дочери, выбрал зятя по своему вку-су и нраву.

Если бы можно было высказать, какая ненависть вдруг вспыхнула во мне к неизвестному суженому Елены...

– Кто он такой? Говори! – вскричал я исступленным голосом. Но Мемнон скрыл от меня его имя.

– Мне не сказали, кто он такой, – отвечал он, – но тетка уверена, что это все переделается. Скоро они едут обратно в деревню, и я с ними... Не теряй надежды!

Его слова только увеличили мою безнадежность. "Нет, – думал я, – Мемнон щадит мое самолюбие; меня отвергли, мне отказали в руке Елены! Я не могу уже по-казаться в доме!" Напрасно Мемнон обнадеживал меня: я молчал на все его слова, и какой-то внутренний ропот на судьбу мучил меня; я изнемогал. Боль сердца отозвалась в ране. Доктор советовал мне ехать на воды за границу. Мемнон то же советовал мне, и я решился ехать. Друг не щадил оболь-щений сердца, чтобы успокоить меня.

– Сестра кланяется тебе, – говорил он, прощаясь со мной. – Она не могла скрыть грусти своей, как я заметил. Она желает скорого твоего возвращения, а мать ее пору-чила сказать тебе, чтобы ты не терял надежды, если лю-бишь Елену.

"Не слова ли это, внушающие опасную надежду? Не значит ли это: кинься в пучину – может быть, счастие выбросит тебя на берег рая?" – думал я, смотря при-стально в глаза Мемнону.

IV

Мемнон уехал, и я отправился, оживленный несколько обнадеживаниями друга и уверенностью, что я любим. Мемнон обещал уведомлять меня об Елене.

Не описываю моих путевых впечатлений: мои впечат-ления были нераздельны с Еленой. В Дрезденской галерее, смотря на Роксану Рафаэля, я сравнивал ее с красотою Елены и видел все недостатки дочери Ирода.

Но чтобы вполне блаженствовать в мечтаниях любви, надобно ехать по Рейну, надобно видеть истоки его. В та-инственных недрах зарождаются они, как взаимные чув-ства юноши и девы, торопятся, ропщут на все препятст-вия, пробиваются сквозь них и падают в объятия друг друга, чтобы течь вместе, неразлучно посреди роскошных и диких берегов жизни.

Смотря на отдаленные вершины Альпов, вспомнил я Горную дорогу нашего златоуста поэта:

> Четыре потока оттуда шумят –
> Не зрели их выхода очи.
> Стремятся они на восток, на закат,

Стремятся к полудню, к полночи;
Рождаются вместе, родясь, расстаются,
Бегут без возврата и ввек не сольются.

– И ввек не сольются! – долго повторял я. Непри-ступные скалы, окруженные садами и увенчанные разва-линами древних рыцарских замков, как лики Дианы Ефесской, отвлекали душу мою от одной печальной мысли к другой. Теперь и прежде! Теперь тело развязно, свобод-но, а дух в оковах; прежде – тело было оковано в латы, а дух был свободен; легко дышалось на неприступных вер-хах гор и скал, над волнами, над пропастями, посреди ле-сов и виноградников, за гранитными бойницами, за подъ-емными мостами, под сводами великолепных добровольных темниц, посреди таинственности и чудес предрассудка, не-разлучно с мечом, вином, любовью и неутомимою жаждою к славе. Минстрель[1] пел сирвентес-римот:

Кто мне внушит благозвучную песнь,
Кто воскресит, оживит мою память
И свиток прошедшего в ней разовьет?
Кто расцветит мои мрачные мысли
И дивные звуки из струн воззовет,
Как голос от сна восстающей природы?
Ах! есть на земле, есть одно существо!
Его светлый взор, как небесное солнце,
Туманы и мрак с отдаленья сорвет
И свиток времен предо мной разовьет!

На берегу быстрого Неккара, впадающего в Рейн, по-среди садов, мне слышалась эта песнь минстреля.[48] Я смот-рел на заросшую дорогу, которая извивалась к величест-венным стенам замка... и забывался...

Вот... рыцари стекаются со всех сторон... знамена их плещут в воздухе; оруженосцы отягчены щитами, раскра-шенными девизами чести, любви и славы; на оружие сып-лются лучи солнца, дробятся радужными цветами... Кривой рог зазвучал... На вестовой башне с развевающимся фла-гом в облаках приветливо отвечают гостям теми же звука-ми; цепи подъемного моста загремели, кольцы железных ворот брякнули, скрипнули засовы и вереи... Герольды по-вещают приезжих... Гордые кони стучат тяжкими копы-тами по дубовому помосту... Пажи сбегают с крыльца встречать гостей...

На пространном дворе устроены павильоны вокруг поп-рища; драгоценные восточные ковры свесились через перилы... Судейская ложа украшена оружием, гербами, деви-зами, и знамена плещут над нею...

Судьи-джюджедуры заняли места. Серебряные власы их рассыпаются по пурпурным мантиям юношескими куд-рями... Речи

---

[48] менестрель.

старцев звучны, как кованое оружие во время боя, важны, как голос вопрошаемого оракула...

И вот... она... божество, венчающее победу... появилась, как солнце посреди алмазных, изумрудных, яхонтовых лучей... Трубы грянули, герольды засуетились, рядят чин всему, оглашают законы поединков: "Любовь красоте, сла-ва мужеству, хвала победителям! Настал час храбрых; ору-жие их омоется потом и кровью!"

Герольд умолк, подал знак; раздался хор минстрелей, сопровождаемый цитрами, бандурами и кастаньетами югларов:

Рыцари! вскиньте взоры на ограду,
Где восседает джюджедуров ряд,
Где дамы сердца мужеству в награду
Бантами чести грудь приосенят!

В ком изнеможет в бою дух врожденный,
Сердце остынет, сила изменит,
Взгляд животворный девы несравненной
Душу пробудит, сердце воскресит!

Новый звук труб. Начинается поле.

Ряды рыцарей в роскошных бронях, сопровождаемые щитоносцами, приближаются к рогатке на конях, покры-тых латами; едут медленно, с важностию; забралы опуще-ны. Подле них, на парадных конях, едут дамы сердца; они ведут горделивых своих невольников на цепочках, свитых из лент и цветов. Проехав барьер, они развязывают оковы кавалерам сердец своих и потом продолжают путь к по-мостам, разбрасывая по поприщу цветы, шарфы, узлы из лент, браслеты, сплетенные из собственных их волос, перья с головы... Рыцари подбирают дары с земли, оси-пают их поцелуями и готовятся заслужить оружием зва-ния рыцаря сердца, шарф и девиз своей дамы.

Рыцари становятся строем на двух оконечностях поп-рища, ждут сигнала, прислушиваются к словам джюджедура, который повторяет закон турнира: "Рыцари! да не по-ранит никто из вас коня противника своего; мета копью – лицо и грудь; меч рубит, но не колет. Поднятому или раз-битому забралу – пощада!"

Джюджедур ударил три раза в ладоши; сигнал к об-щему бою раздался. Пришпоренные кони ринулись с мест, земля дрогнула; два строя всадников, приклонив голову, уставив копья вперед, налетели друг на друга... Казалось, что посреди поприща разразилась громовая туча, рассы-палась искрами и треском; взвилась пыль... Две против-ные стороны то столкнутся, то расступятся. Но общий бой прерван сигналом – строи разъезжают-ся. Теперь один на один – по вызову. Вскипела во мне жажда победы... Я пришпорил коня, перелетел через ог-раду... Кто на меня? Вызываю! Нет создания в природе лучше Елены! Пой, минстрель! славь Елену!

Минстрель запел лей Елене, вместо вызова:

Кто в истомлении, в восторге сердца,
Елены не видав, осмелится промолвить,
Что видел божество любви и красоты,
Кисть хмеля принял тот за грозд пурпурный
И хладную луну за пламенное солнце.
Слепец! я исцелю тебя от слепоты!

Неизвестный рыцарь, в черной броне, без гербов, без шарфа дамы сердца и девиза, выехал на средину попри-ща... Это противник, соперник мой – суженый Елены!

Злобно взглянул он на меня, я на него; разъехались, повернули – сигнал подан... Вот он! Брызнули искры из стальной брони... А! вон он! Подо мной суженый Елены! Моли о пощаде!..

"Коня убил! Преступник закона!" – раздалось во-круг... Стрелы со всех сторон готовы были поразить меня, но знамя пощады распростерлось надо мною, и герольд по-вестил, что конь противника моего убит по неосторожности.

Меня ведут к венчающей победу... это Елена!.. Я пре-клонил колено... Громкий хор запел славу, а Елена увен-чала меня... подала руку, и мы пошли, сопровождаемые хором, джюджедурами и рыцарями. В пространной зале сели мы за круглый стол. Передо мной поставили жарено-го павлина, которого, по обычаю, победитель должен был распластать на сто частей; потом поднесли огромный бо-кал векового Гейдельберга. Я поднял бокал... "За здравие Елены!" – хотел сказать я... Где ж она? Нет ее? О, на сто частей разорвалось мое сердце, когда я взглянул вокруг себя... Мрачный замок Гейдельберг, разгромленный самим небом, воздымался на горе, как на острове, посреди моря тумана. По чешуйчатому небу разливался свет луны. Я ле-жал под деревом на берегу Неккара, смоченный холодной росою ночи...

V

Я приехал в Эмс, начал курс лечения. Вдруг письмо... Рука Мемнона! И только две строчки – только, но сколько блаженства почерпнул я в них! Как, они были красноре-чивы! как исполнены дружбы! "Приезжай, – писал он, – Елена будет твоею; все пре-пятствия устранены".

Можно представить себе, с каким нетерпением желал я лететь в Россию, но, предполагая ехать обратно, по обе-щанию брату, через Бессарабию, где он в то время нахо-дился, я не мог переменить намерения и, сверх того, я хо-тел видеть Дунай и взглянуть на Букарест, где был с отцом своим во время войны в 1810 году. Кажется, сама судьба влекла меня по этому пути, чтобы развязать повесть моей жизни.

Из Эмса приехал я в Вену, потом в Буду и оттуда на небольшом купеческом судне, отправлявшемся в Галац, решился пуститься по Дунаю.

Нисколько не заботясь о современных политических обстоятельствах, я совершенно не знал, что делается на берегах Дуная. Я думал только об Елене. Наслаждаясь природой, слушал по вечерам заунывную песню матроса и, проехав таким образом до Галаца, я был бы принужден сделать около четырехсот верст лишних, чтобы попасть в Букарест. К счастию, хозяин корабля спросил меня, ку-да я еду, и сказал, что я могу выйти на берег при Журжинской переправе и проехать в Букарест прямым путем. Это был подарок для рассеянного. На лодке переехал я в Слободзею и там, наняв почту, отправился в столицу Ва-лахии. Никто не спрашивал меня, кто я, откуда, куда еду и есть ли у меня какой-нибудь вид.

Подъезжая к Букаресту вечером, вдруг увидели мы на самой дороге, сквозь деревья, разложенный огонь и вокруг него толпу людей. Шум и песни раздавались по лесу.

Суруджи[49] приостановил лошадей, со страхом произнес:

– Чи есть?[50]

– Это, верно, табор цыганский?

– Нуй, нуй, боерь![51] – повторял он, продолжая медлен-но подвигаться вперед.

Едва проехали мы заворот дороги, толпа вполне откры-лась перед нами. Над огнем, на козлах, висел котелок, а вокруг него лежали и ходили вооруженные люди в ман-тах, в скуфьях, в кушмах, в чалмах, в албанской одежде. Страшные, смуглые лица их с отвислыми усами казались от блеска огня раскаленными.

– Талгарь! Талгаръ! Разбойники! – проговорил суруджи, с ужасом остановив лошадей. – Недобре, недобре! – прошептал он еще и готов уже был свернуть с дороги в лес, но стук и дребезг каруцы[52] и топот лошадей обратили на себя внимание толпы. Несколько человек вскочило на ко-ней, и мы были окружены какими-то чудовищами, воору-женными с головы до ног.

– Стэ![53] – закричали они, заскакав вперед.

Я выхва-тил пистолет.

– Русский офицер! – крикнул мой слуга, вообразив, что спрашивают: кто?

– Офицер русяск? – повторил один из наездников: – Хэ! Мой![54] капитан Пендедека!

И он поскакал к толпе, между тем как двое стояли спо-койно перед лошадьми, а прочие разъезжали вокруг ка-руцы.

Поздно было требовать пути одним выстрелом у целой толпы

---

[49] кучер (молдав.)
[50] Что это? (молдав.)
[51] Нет, нет, боярин! (молдав.)
[52] телеги, повозки (молдав.)
[53] Стой! (молдав.)
[54] Восклицание: мой! – то же, что: ей! (прим. автора.)

вооруженных. Я полагал, что явится кто-нибудь знающий по-русски для расспросов, но вдруг тучный всад-ник, похожий на атамана шайки, подлетел на лихом коне и закричал мне:

– Офицерь?

– Да! – отвечал я.

– Хайд, мерже ла Калентино![55] – прокомандовал он без дальних расспросов.

Суруджи приударил по лошадям; меня повезли. Вся толпа поскакала вслед за мною, и не прошло нескольких минут, как я увидел новые толпы вооруженного сброда вокруг огней близ селения. Мне казалось, что меня везут на шабаш нечистой силы.

Со всех сторон раздавались дикие голоса, которые пели:

> Ипсиланти фетмаршал,
> Дука маре инарал/
> Пом-пом-пом-померани-пом!

Каруца моя и провожатые остановились подле осве-щенного боярского дома.

Тут только узнал я, что меня привезли в селение Калептино, главную квартиру Ипсиланти, предводителя этеристов.

– Фетмаршалу а кас? Дома фельдмаршал? – спросил капитан Пендедека, которого я принял за атамана разбой-ничьей шайки.

– Хэ! Ипсиланти содус ку тота армия ла Тырговешти; нума эфор[56] Дука а кас! – отвечали двое арнаутов, стоявших на крыльце, подле входа в сени, с саблями наголо.

Я понял смысл сказанных слов: "Ипсиланти со всей армией удалился в Тырговешти, и в селении Калентине только эфор Дука". Его-то величали этеристы в песне сво-ей маре инарал, великий генерал.

Меня ввели в дом. В передней комнате подле дверей, завешанных красным сукном, стояла толпа арнаутов, в рос-кошной своей одежде. Они заняты были продуванием, на-кладыванием и раскуркой трубок.

Вслед за капитаном Пендедекой вошел я в комнату, где на диване, свернув под себя ноги, сидел Дука, эфор этерии. Антерия[57] из шелковой с золотыми полосками тка-ни распахнулась на полы; красные широкие шаровары переливались под нею, как полымя; все туловище его бы-ло обернуто турецкою шалью, за которую заткнуты были на толстой золотой цепи часорник[58] с огромною связкою печатей и басман[59]; на голове была скуфья из шелковой материи, обшитая бумазеей. Перед ним стоял ломберный стол, а в жирной руке его утонула колода карт; он метал фараон. Несколько бояр в серых

---

[55] Эй, давай в Калентино! (молдав.)
[56] командир (греч.)
[57] богатая верхняя одежда
[58] часы (молдав.)
[59] платок (прим. автора)

смушковых кочулах[60] си-дели вокруг стола, пыхтели дымом и гнули углы на пэ и транспорты.

– Чи есть? – спросил Дука.

Не ожидая объяснений Пендедеки, я подошел к Эфо-ру, сказал по-французски, что я русский путешествен-ник и что на дороге к Букаресту остановлен его арнау-тами...

Я хотел высказать свое неудовольствие за это насилие и просить, чтобы он приказал проводить меня в Букарест или из круга расположения этеристов, но он не дал мне кончить речи, обратился к своим собеседникам, сказал им что-то по-гречески, и опи вышли из комнаты. Потом, при-глашая меня сесть на диван, хлопнул три раза в ладоши. Явились два арнаута, один с трубкой, другой с дульчецом[61] и с кружкой воды на подносе. Я не отказался от азиат-ского обычного предложения – усладить горесть свою, прохладить сердце и питаться дымом надежды.

Когда мы остались одни, Дука таинственно спросил меня:

– Позвольте узнать, к кому вы ехали?

– Я просто проезжал из Австрии в Россию, – отве-чал я.

– Хм! через Австрию! Здесь не дорога, вам надобно было ехать на Черновец, прямо из Австрии в Россию...

– Я хотел проехать по Дунаю, видеть Букарест...

– Нет, скажите, вы можете мне сказать... К господа-рю?.. Или к князю Ипсиланти?.. Вероятно, депеши...

– Уверяю вас, что я просто еду как путешественник, без всяких поручений.

– Теперь не время путешествовать без цели, – сказал Дука, усмехаясь. – Но все равно, мы понимаем... И во вся-ком случае, я обязан отправить вас к князю Ипсиланти. Его главная квартира в Тырговешти.

– Помилуйте! зачем мне ехать к нему? – вскричал я.

– Ни для чего больше, как для объяснения ему причи-ны вашей поездки в Букарест. Теперь, милостивый госу-дарь, нет сношений ни с господарем, ни с Диваном мимо князя Ипсиланти. Хэ! мой! капитан Алеко! – вскричал Дука после сих слов.

Явился капитан Алеко в казацкой одежде из черного сукна.

– Вот этот господин проводит вас в Тырговешти, – сказал мне Дука, отдав приказание капитану Алеке.

Нечего было делать; я вышел.

– Где мой слуга? – спросил я у арнаута, не видя под-ле крыльца ни каруцы своей, ни слуги.

– Нушти! не знаю, – отвечал мне арнаут.

– Где каруца?

– Нушти! – повторил арнаут.

– Ни моего слуги, ни каруцы нет! – сказал я капита-ну Алеко.

---

[60] шапках (молдав.)
[61] варенье, похожее на конфеты pommade (помадка) (прим. автора)

Он стал расспрашивать у разного сброда людей, кото-рые стояли на крыльце и ходили по двору.

– Нушти! – отвечали все. – Суруджи сел и поехал, а слуга пошел вслед за ним.

Я выходил из себя. Слуга мой вскоре пришел весь в слезах и сказал, что почтарь ускакал, а чемодан, поло-женный на крыльце, пропал.

Я воротился к Дуке и просил его приказать отыскать мои вещи.

– Не наше дело отыскивать ваши вещи, – отвечал эфор этерии. – Подайте прошение в Диван.

Взбешенный, я сел на коня, которого Дука велел дать мне, и поехал под конвоем безобразных воев Ипсиланти. На другой день уж к обеду стали мы приближаться к ме-стечку Тырговешти. С высот над рекою Яломицей я уви-дел главную квартиру этеристов. Она походила иа табор и толкучий рынок; повсюду копошились вооруженные лю-ди в молдавской, сербской, арнаутской одежде, в лохмоть-ях и в кованых золоченых нагрудниках, нарамниках и набедренниках.

Въезжая в Тырговешти, я увидел тот Священный ба-тальон, который под знаменем возрожденного Феникса готовился пожать славу и бессмертие. В черных полукаф-таньях, с высокими черными мерлушковыми шапками, за-гнутыми набок и украшенными серебряною Адамовою го-ловою спереди, воины бродили по городу в ожидании ве-ликой своей будущности.

Мы приехали к одному дому с большим крыльцом под навесом. Тут развевалось знамя этерии, на котором вышит был феникс с греческою надписью: "Возрождаюсь из соб-ственного праха". У входа подле дверей стояли двое часо-вых с сложенными накрест ружьями.

Это был курте господаряск, двор, или дворец господарский. Соскочив с лошади, я хотел идти на крыльцо, но капитан Алеко удержал меня.

– Не сюда, – сказал он, – это священное крыльцо, по которому никто не смеет всходить, кроме самого фельдмаршала.

"Плохо, – подумал я, – если к идолу храма ходят с заднего крыльца!"

– Что за люди? – спросил напитай Алеко, увидя нескольких человек верховых в мантах подле бокового подъезда. – Пандуры![62] – отвечали они гордо. – От вайводы Тодора Владимиреско, с капитаном Фармаки.

То были передовые начальника, или, лучше сказать, атамана пандуров Малой Валахии, который, пользуясь возникшими после смерти валашского господаря Каражди смятениями, по случаю этерии, или греческого восста-ния, собрал пандуров, сербских гайдуков, валашских талгарей и все, что было дружно с темной ночью да с острым ножом, объявил себя воеводой и защитником отчизны от ига греческих господарей, назначаемых Портою, проник с шайкою

---

[62] отряды легкой кавалерии на Балканах

своей в Букарест, овладел Диваном, заставил воротиться Каллимахи, назначенного в господари Валахии, казнил бояр, привел всех в ужас и заставил разбежаться на все четыре стороны.

Ипсиланти думал в нем найти поборника и встретил противника, который, однако ж, решился приехать к доб-ровольному архистратигу[63] Греции.

Взойдя по крыльцу профанов[64], я ожидал, что меня вве-дут в Периррантириа и окропят водою, как вступающего в храм громовержца Зевса, но очутился в передней, где было несколько, вероятно, значительных лиц штаба эте-рии. Пока доложили обо мне Ипсиланти, я присел подле какого-то чиновника в казакине. Посмотрев на меня, он как будто отгадал, что я русский, и обратился ко мне с во-просом, не служить ли я приехал к Ипсиланти. Разгово-рившись с ним, я желал знать, что за особа в больших ши-тых эполетах, спасенных, вероятно, от выжиги и прицеп-ленных к мундиру не мундиру, а к чему-то вроде каца-вейки.

– Это Орфано, фичеру ди кына[65]; он был в Одессе служитором у купца Бокара, а здесь инарал. А вот другой – это Лассапи; был фактор в Песте, а здесь комендант Терговишта. Драку шти![66] Чорт знает, зачем я приехал сюда! Тут все начальники. Правду говорит греческая пословица: "Где соберутся три грека, там всегда четыре начальника: их трое да чорт четвертый". Вот князь Георгий лихой, а это... хм!

***

Собеседник мой не успел еще сказать мне имен и про-исхождения всех стратигов, эфоров, капитанов, тут быв-ших, как меня позвали к Ипсиланти.

Пройдя одну комнату, передо мной отворили двери ка-бинета; я вошел. В широких креслах подле стола сидел смуглый, худощавый генерал; на плеча его накинута бы-ла греческая пурпуровая мантия, с длинными до полу ру-кавами.

– Какую повесть привезли вы нам? – сказал он, об-ращаясь ко мне, и, не дожидаясь ответа, приказал выйти сидевшему подле стола писцу, которому, как казалось, что-то диктовал.

– Вы откуда? – спросил он торопливо по выходе писца.

– Я русский и ездил за границу на воды, – отвечал я и рассказал все приключения свои со времени вступле-ния на берега Валахии.

Казалось, что Ипсиланти надеялся видеть во мне ка-кого-нибудь тайного к нему посла. Глаза его горели ожи-данием приятной новости, но, выслушав меня, он принял пасмурный вид и хотел что-то спросить еще, как вдруг во-шел кто-то вроде адъютанта и доложил о приезде Тодора Владимиреско.

---

[63] военачальнику, вождю (греч.)
[64] простонародья (греч.)
[65] собачий сын (прим. автора)
[66] Чорт знает! (молдав.)

– Пусть войдет, – сказал Ипсиланти важно. – Извините, – продолжал он, – мне нужно переговорить; войдите в эту комнату на время.

И он показал на двери. Я вошел; это была спальня. Справа между печкой и стеной был широкий, крытый гу-стым пунцовым трином диван, заменявший ложе; на свер-нутом в головах шелковом матраце лежал ночной колпак; влево от двери другой диван; напротив – стенные шкапы и посредине образная.

От нечего делать я развернул лежавшую на столике книгу, переплетенную в бархат. То был "Триодион, пове-лением и иждивением Всесветлейшей Княгини Елены, Божиею милостию начальницы и владычицы земли Влашкою, супружницы Пресветлого господара Иона Матфия Бесарабы, в Господарской их типографии, яже в Столечном граде Терговишти. В лето бытия мира 7157".

Едва я успел прочесть это, как раздался громкий голос:

– Мы фоарте букур, кы вы вдэ сенатов, prince![67] – Это обыкновенное молдавское приветствие: "Очень рад, что вас вижу в добром здоровьи".

Любопытство заставило меня сесть на диване подле са-мой двери, так что весь разговор Ипсиланти с Тодором был мне слышен.

– Садитесь, господин Владимиреско, – сказал Ипси-ланти по-французски. – Нам давно пора переговорить с ва-ми лично.

– Готов слушать, – отвечал Тодор.

– Вы знаете уже ту великую цель, для которой я сюда прибыл?

– Как видно из ваших собственных прокламаций, вы приняли на себя труд освободить Грецию от ига турец-кого.

– Так точно. Приняв на себя начальство над этерией, я воззвал к народам, угнетенным игом варваров, и на первом шагу встречаю противоречие – в ком же? В тех, которые должны были торопиться под знамена свободы!

– Диван княжества желал знать: кто возложил на вас великое дело освобождения Греции и кто уполномочил вас к воззванию на общее восстание против турков? Диван послал к вам депутата Павла Македонского...

– Полно-те, сударь: этот депутат был от вас, а не от Дивана!

– Это ваше предположение... Не я, а Диван просил вас сообщить ему ваше полномочие.

– Кто уполномочил меня? – сказал гордо Ипсилан-ти. – Вы знаете, кто я?

– Знаю. Вы служили в русской службе генералом, я служил поручиком, но здесь не Россия.

– Неужели вы думаете, что я обязан открывать Ди-вану Валахии тайны европейских конгрессов? Неужели Диван не постигает, к чему клонится столько уже лет по-литика всех европейских держав?

– Для исполнения целей своих европейской политике не нужно

---

[67] князь (франц.)

было поручать вам сбирать в Молдавии и Ва-лахии бродяг и нищих, чтобы избавить Европу от турок.

– Вы, сударь, дерзки! Вы враг своего отечества! Ваша цель пользоваться смутами и водить своих бродяг, пандуров, на грабеж!

– Ваши титлы не лучше моих!.. Да что об этом гово-рить! Вы делайте, что знаете; я буду делать, что я знаю.

– У нас общий враг, сударь, и мы должны действовать общими силами, а не допрашивать друг друга о пра-вах.

– Ваши враги – турки, а наши – греки фанариоты. Разница видна из ваших и моих прокламаций... Ваше поле в Греции – идите за Дунай, и наше дело спровадить гре-ческих господарей туда же. Здесь им не место – довольно им сбирать дяжму[68] с княжеств; пусть идут под ваше зна-мя освобождать Грецию от ига и избавить нас от своего ига. Что мы за ферма для вас! У вас есть свои земли и ра-бы – дерите с них хоть три кожи!

– Господин слуджар[69]...

– Вайвода, а не слуджар, господин Ипсиланти, – сказал Тодор, стукнув саблей о пол.

– Извольте молчать!

– С араку да мини![70] Как я вас боюсь!

– Я вас скоро заставлю бояться!

– Ну до тех пор прощайте!

– Остановитесь, господин Владимиреско!

– Я стоять не люблю; если угодно, сяду. Языком биться также не люблю.

– Собственно из предостережения вас и чтобы преду-предить раздоры, я должен вам сказать...

Ипсиланти стал говорить тихо, я не слыхал ни слова. Вдруг он подошел к двери спальни; я отскочил от нее и сел на диван.

– Пожалуйте сюда, – сказал он мне по-русски, отворяя дверь.

Я вошел в кабинет и с любопытством взглянул на Тодора, сидящего на диване в лиловом бархатном, шитом зо-лотом фермеле; за поясом его торчали два пистолета. Турецкая сабля золотого чекана, осыпанная дорогими ка-меньями, перегнулась через колено. На голове была крас-ная феска, а подле, на диване, лежала одноцветная с фер-меле капа, или скуфья, также шитая золотом. Он был смуглый, с длинными усами человек, с глазами, как уголья.

– Вы отправитесь обратно; я дам вам прикрытие до Леова, – сказал мне Ипсиланти, хлопнув несколько раз в ладоши.

Вошел прежний докладчик.

– Капитан Христиари! назначьте отряд из двадцати человек проводить их до Леова, – сказал Ипсиланти. – Кланяйтесь моим

---

[68] Дяжма – десятая часть (прим. автора)
[69] Чин Тодора при князе Валашском (прим. автора)
[70] Это выражение слово в слово: "бедный я!" Но от тона, которым произнесено, значит почти то же, что "чорт меня возьми!" (прим. автора)

знакомым в России, – продолжал он, обратясь ко мне. – Скажите им, что дела мои идут хорошо. Прощайте!

"Драма кончилась комедией", – думал я, выходя из ка-бинета.

Христиари проводил меня из курте на квартиру, в дом какого-то боярина. Тут до изготовления к отъезду угости-ли меня обедом.

– Нет, боярин, здесь умрешь с голоду! – сказал мне мой Иван, возвратясь из кухни, где также угощали его обедом. – Нет! я не едок с цыганами! Да это просто зараза... прости Господи!.. Намесили какой-то черной муки в котле да и вывалили на грязный стол комом; принесли вонючего творогу в засаленной тряпке да и говорят: пуфтим![71]... "Нет, господа! Я не могу есть этого пуфтим!" – сказал я, да и встал из-за стола; помолился Богу, да и пошел.

Жаль мне было смотреть на голодного Ивана, но нечем было помочь. Лошади были уже готовы.

VI

Мне дали доброго коня, оседланного турецким седлом. Арнаут подвел его, держа за мундштук; я взял шелковый повод и засел, как в вольтеровских креслах. Мой новый капитан с 20 арнаутами гарцевал уже по двору в ожида-нии, пока усядусь я на седле и двинусь с места.

Мы отправились вдоль по Яломице на Урзичени. Поч-ти в каждом селении мой капитан требовал себе ватаву[72], требовал фатир ши манынк, а потом раку ши жин"[73].

Эти частые закуски ужасно бесили меня; зато мой Иван был сыт и доволен.

– Ей-Богу, здешняя раку гораздо лучше нашего пен-ника, – говорил он каждый раз, когда ему подносили боль-шой пагарь фруктового спирту. – А жизнь дешевле ла-вочной воды!

***

Народ здесь, кажется, привык к посещениям и требованиям нежданых и незваных гостей, которые распо-ряжаются в деревнях, как в своем доме. Беспрекословно поили и кормили нас и лошадей наших, не спрашивая, что мы за люди. Двадцати человек каларашей[74], и особенно арнаутов, достаточно было, чтобы меня везде величали мариета[75]. – Здесь наружность человека служит вместо вида, а уменье приказывать есть уже право на всевозможные беспрекословные требования.

---

[71] просим (молдав.)
[72] приказчика (молдав.)
[73] Квартиру и обедать; водки и вина (прим. автора)
[74] вершник, верховой (прим. автора)
[75] Ваше величие (прим. автора)

Ни малай, ни плачинды, ни лапти-акру, ни брынза не нравились мне; до самых Урзичень питался я только яйца-ми и лапти-дульче[76]. В Урзиченях заехали мы в кафэнэ, но и тут я должен был довольствоваться жареной барани-ной, соленой рыбой, каракатицами, маслинами, чашкой кофе и трубкой. На третий день мы приехали в Рымник, памятный победою Суворова в 1789 году, и остановились в доме одного бояра, где квартировал начальник неболь-шого отряда войск Ипсиланти.

Без дальних церемоний проводник мой передал меня ему, как пароль, а сам, закусив и осушив око вина, уехал, не пожелав мне даже доброго пути.

Новый капитан, которому я был сдан на руки, чтобы доставить меня здрава и невредима в Леово, был доволь-но молодой мужчина, смуглый, но приятный, хотя и су-ровой наружности, в черной венгерке, перепоясанной шел-ковым снурком – портупеей турецкой сабли, в черной скуфье, шитой серебряными снурками.

Я удивился, когда он подошел ко мне и сказал:

– Капитан Раджул казал мне, што вы русский; еде-те от князя Псиланта до Каподистрия.

– Я русский, – отвечал я, – еду в Россию, но не от князя Ипсиланти и не к Каподистрию. – И я рассказал ему случай, который занес меня в Валахию.

– Хм! – произнес капитан, пыхнув дымом. Тем и кончился наш разговор. Поездка отложена была до утра, по-тому что уже смерклось. Усталость от верховой езды то-мила меня, и я уснул мертвым сном на мягком диване.

– Время на конь! – сказал мне капитан чем свет, и я должен был расстаться с спокойным ложем.

– Коня крылатого! – вскричал он, сходя с крыльца, и, не ожидая меня, вскочил на коня, которого ему подвели, и поехал, распевая:

> Што ти е, Стано,
> Што ти е, кузум?
> Ах! беним Стано,
> Тъ болна лежишь!..
> – Глава мъ боли,
> Треска мъ втреси!
> Ах! биним Аго,
> Ке-да я умру!
> – Не бойсе, Стано!
> Не бойсе, кузум!
> Ах! беним Стано,
> Иа ке-ть пишу
> Три хаймалишки,

---

[76] Малай – хлеб из кукурузной муки, плачинды – слоеные пироги; лапти-акру – кислое молоко; брынза – творог; лапти-дульче – сладкое молоко (прим. автора)

Но то за треска,
Друго за глова,
Троти за зло-болезнь!
– Что с тобой, Стано?
Что с тобой, друг мой?
Милая Стано,
Ты заболела!
– Голову ломит,
Холод по членам.
Ах! милый Аго!
Если умру я!
– Не бойся, Стано!
Не бойся, друг мой!
Я приготовлю
Три талисмана.
Один от лому,
Другой от дрожи,
Третий от язвы –
От злой болезни.
(*Пер. автора.*)

Я заучил его песню, пока мы поднялись на гору за местечком. Влево вздымался Карпат; вправо, по равнине, исчезал в тумане Рымник.

– Скажите, пожалуйста, – спросил я капитана, – неужели в такой маленькой речке могло потонуть целое войско?

Мутна тече риека валовита,
Она валья древлье и каменье, –

отвечал он мне и потом запел снова:

Што ти е, Стано...

– Вы, верно, из булгар? – спросил я снова, желая завести с ним разговор.

– Сербии, – отвечал он мне отрывисто и начал мушт-ровать своего лихого коня и разговаривать с ним.

К обеду приехали мы в Фокшаны и остановились в мо-настыре, обнесенном высокими стенами.

Один из монахов знаком был моему сербу. Радушно встретил он нас и угостил сладкими постными блюдами из рыбы и пилава... Целую банарилку вина принес он из погреба. Серб пил вино, как воду; оно его развеселило.

После обеда я взошел на стену монастыря и наслаж-дался видами окрестностей. К северу тянулись на нет от-расли Карпата, ограничивая собою реку Сырет; к востоку ровная площадь, ограничиваемая в синей дали Задунай-ским берегом и возвышениями над крепостью Мачипом; к югу безграничная степь, как море, а запад весь заграж-ден лесистым Карпатом; у подножия его, верстах в деся-ти от Фокшан, по холмистому скату расстилались слав-ные виноградники Одубештские.

Когда я воротился в келью, на столе стоял уже огром-ный стакан светло-янтарного цвета.

– Пие, брате! – сказал мне серб, подавая стакан. – Пие! меж нама здравье и веселье!.. В раз!.. Так! – приба-вил он, поглаживая усы.

– Еще! – вскричал он, протянув ко мне одну руку и наливая другою вино.

– Теперь пие, брате, за здравье моей сестрицы Лильяны! Пие рЩйно в?но! Была у меня сестра, да не стало!

Эти слова произнес он так, что голос его как будто ущемил меня за сердце; из глаз его капнула слеза в стакан. Он приподнял его и смотрел долго на свет, как будто ожидая, чтобы слеза – горечь сердца – распустилась в ви-не лекарством от боли его; потом он чокнулся со мной и выпил залпом.

– Где ж ваша сестра? – спросил я невольно, взяв его с участием за руку.

– В Руссие, – отвечал он.

– Вы были в России?

– На службе.

– Зачем же вы оставили Россию?

– Так надо было! – сказал он, садясь на диван. – Так надо было, – повторил он и замолк, но заметно было же-лание его облегчить себя от скопившихся воспоминаний рассказом.

– Отчего же надо было? – спросил я его.

– А вот, – отвечал он, – отец мой жил в особитом приятельстве и побратимстве с отцом Лильяны; еще в годину сербского воеванья с турками дали они друг другу слово породниться по детям, а в десяту годину отец Лильяны взял меня в полк свой, и жил я у него, как родной, и приехал с ним в Москву, а потом пошли на воеванье с французом. По возврате из Парижа отец Лильяпы поки-нул службу, а мне сказал: аиде служить еще царю и цар-ству, пока будет твоя невеста на взрасте. Любил меня он, как сына, да не любила меня его жентурина, откинула сестрицу от сердца, разладила слово, раздружила дружбу, змея люта, Божья отпаднице!.. А как любила своего же-ниха моя Лильяна: звала златСем, соколом, милойцем! Да-вала залог за сердце!.. Вот ту был тот залог... ту был лик Божий да образ сестрицы, да обреченья перстень... Все возврАтил ей... Сестра, сестра, моя сладко рано!..[77].. – Гово-ря сии слова, он показал мне пустую ладонку, висевшую у него на шее на голубой ленте.

– Вот прошли три года еще на службе. Два года не видал я сестрицы; минуло ей восемнадцать лет. Мыслю: скоро будет она моею! Да приехал ко мне брат Лильяны и говорит: любит она другого, не езди, не бери ее в жены по отцовской воле... "Правда ли то?" –

---

[77] заря (прим. автора)

спросил я. Он поло-жил руку на сердце. "Ну! будь счастлива, Лильяна, – не насиловать сердце!"

– И она изменила? – вскричал я, тронутый рассказом его.

– Над сердцем две воли, брате, – своя да Божья. Я от-писал к отцу, дабы не ждал меня, а сестрице возвратил за-лог... Бог с нею! Ту ни каке надежде, ни другого суда, ни спасенья нема! Ништа не поможе, кад сердце от сердца отпаде!

– Может быть, ее принудила мать отказаться от вас?

– Кад нема у своего сердца совета, чуждое сердце правит его на все четыре страны!

– Что ж вы: писали к невесте своей и ее отцу?

– Отписал кратко: "Отчизна моя Сербия вздымает оружье на своего притеснителя турка; не время мне ду-мать теперь о женитьбе, еду на родину, на военье; бритка сабля моя невеста!.. Нек погинет юнак[78] на юнашству!"

Этими словами он прервал рассказ свой и упорно мол-чал. С сожалением смотрел я на его суровое, но приятное лицо. Странны казались мне высказанные им понятия, но сколько было в них снисходительности к слабому сердцу! Без жалоб на судьбу и на людей он покорялся предопре-делению, несмотря на то что для души его не оставалось уже счастия на земле. С Лильяной все для него погибло; по так решительно отказаться от всех надежд, так сурово поступить с самим собою... то было бы непонятно, невоз-можно для каждого, кто сколько-нибудь дорожит жизнью и ее соблазнами!

На другой день рано мой добрый серб сказал мне: "Ну, аиде путем с миром! Не забудь сербина Радоя Вранковича!"

– Не забуду! – отвечал я и пустился в дорогу, со-провождаемый двумя арнаутами из сербов.

VII

Через два дня я был уже в Леовском карантине. Шест-надцать дней, проведенных в нем посреди атмосферы, изоб-ретенной Гитоном де Морво, показались мне столетиями, во время которых повторилось все прошедшее, со всеми своими загадками, радостями и горем.

Эту тоску вознаградило свидание с братом в Бендерах. Но я у него недолго пробыл; он был снисходителен к то-ропливому моему сердцу. Через две недели я уже подъез-жал к Москве. Сердце не находило места в груди. Бли-зость к счастию выразилась во мне страданием, черные мысли пугали меня: то думалось мне, что я уже опоздал, Елена влюблена в другого, – и я приказывал ямщику ехать тише; то отец выдал ее насильно, и она умирала от тоски, молила меня, чтобы я торопился, – и я гнал ямщика.

Подъезжаю к дому Мемнона; ворота заперты, ставни

---

[78] у балканских народов – храбрец, удалец.

притворены... я вздрогнул... Что это значит? Где Мемнон? Дворник не знает.

Я остановился у своих родных. На другой же день узнал я, что Елена в Москве. Но каким образом явиться мне в дом?

Я решился написать письмо к ее матери: просил ее уве-домить меня о Мемноне. С нетерпением ждал я ответа; ответ принесли... "Одеваться!" – вскричал я, как безум-ный. Мать Елены писала: "Ожидаю вас к себе и лично хо-чу поговорить с вами о вашем друге".

Через несколько минут я уже был перед нею. Она при-няла меня как родного, представила мужу своему как дру-га его племянника Мемнона и поразила меня известием, что Елена больна и что они приехали в Москву для поль-зования водами. Я едва мог продолжать разговор, когда она сказала мне о том.

Тщетно ожидал я выхода Елены. Потеряв надежду ее видеть, сбирался уже домой, но слова отца и матери – "мы вас ожидаем обедать, попросту, без чинов, как родного" – оживили меня. Если б и взор Елены подтвердил то же! Но ее не было...

Я приехал к обеду. Елена не вышла к столу, но отец и особенно мать Елены так занимались мной, так осыпали расспросами и ласками, что не было мгновения, которое мог бы я посвятить мысли об Елене.

Во время утреннего визита я был так рассеян, что за-был спросить о Мемноне, за обедом, однако ж, я вспомнил об нем.

– Так и вы не имеете никакого известия об нем? – спросил отец.

– Решительно никакого, – отвечал я с удивлением.

– А я только что хотел от вас узнать что-нибудь. Мо-жет быть, дружбу он предпочитает родству.

– Бог знает, что с ним сделалось: он вдруг пропал из Москвы; даже не простился с нами, – сказала мать, – и с тех пор ни слуху, ни духу.

– И никто не знает, куда он поехал? – спросил я.

– Никто. Однако ж до нас дошли новости очень не-приятные: говорят, что он совсем потерялся.

– Мемнон потерялся?

– Да! Слава недобрая, – продолжал отец. – Влюбился в какую-то горничную и увез ее. Продал свое имение близ Москвы, купил другое в захолустье и никого знать не хо-чет... Впрочем, и хорошо делает... После подобного поступ-ка возможно ли показываться на глаза?

– О, не может быть! – вскричал я невольно. – Мем-нон не унизится до такой степени!

– Э-эх, молодой человек! Чего не делает своя воля и богатое наследство? Рано Мемнон вышел из отцовских рук – вот вся беда.

– Неужели вы не знали Мемнона и понятий его, что так говорите об нем, – хотел я сказать, как вдруг вошла Елена. Я онемел, смотрел на нее... и не верил своим гла-зам... Та ли это Елена, которую я видал не более, как за несколько месяцев? О, это была та же Елена, но с томным взором вместо живого, с бледностию на лице вместо ру-мянца; слабая вместо воздушной, быстрой; молчаливая вместо игривой, беззаботной, говорливой Елены.

– Вы не узнаете меня? – сказала она тихим голосом, с насильственною улыбкою. Она теперь еще поправилась, – сказала мать: – воды ей помогли!..

– Бог знает! – сказала Елена на слова матери.

– Твоя собственная неосторожность виною болезни твоей, – продолжала мать. – Пришла же охота сидеть по вечерам на крыльце... Это было вскоре после вашего отъ-езда... осень была сырая... долго ли простудиться...

Я покраснел от слов: "вскоре после вашего отъезда!" "Ах, Елена, Елена! Ты пожертвовала для своей грусти здоровьем!" – думал я, взглянув на нее, и мне казалось, что слова матери и ее пристыдили. Как она была хороша! "Задумчивость ее принадлежит мне, – говорило мое серд-це. – О, Мемнон! если бы ты был здесь, ты передал бы ей мои чувства... Но объясняться самому... века пройдут – и я не осмелюсь сказать Елене, что я ее люблю".

Меня принимали как родного. Часто проводил я по це-лым дням близ Елены, но болезненная слабость как будто пересиливала чувства – и она была задумчива, грустна, молчалива, а я становился час от часу дичее, не знал, что говорить, боялся даже встречаться с ее взорами.

"Курс вод был кончен – и все кончено", – думал я. Начались сборы, и я готовился уже на разлуку, но неожи-данное приглашение от отца и матери ехать с ними в де-ревню оживило все мои надежды.

Во время дороги я никому не уступал забот о спокой-ствии Елены. По приезде в деревню мне было дано право водить Елену под руку во время прогулок, которые пред-писаны были ей доктором. Я ходил с ней часто один, гово-рил ей обо всем, кроме того, что хотел бы сказать ей, а она была постоянно уныла. Дни проходили; мы как будто таи-ли друг от друга чувства свои и, кажется, вечно остались бы в таком грустном положении, если бы сама мать не на-чала говорить мне об Елене.

– Елена совершенно переменилась, – сказала она, – но эта перемена не может быть следствием болезни... Мне кажется, что и у нее и у вас есть какая-нибудь тайна... Не знаю, кого первого допросить?.. Зачем же таить от отца и матери? – И с сими словами она так проницательно взглянула на меня, что я вспыхнул и, как безумный, схва-тил ее руку и начал целовать.

– Мемнон говорил мне... – продолжала она. – Счастие Елены для меня всего дороже... я нисколько не против-люсь... Муж мой также вас полюбил... О, как я счастлив! – вскричал я и, кажется, тысячу раз повторял ей одно и то же, между тем как она называ-ла уже меня сыном своим и читала наставления о вечной любви к жене, о верности, об обязанностях мужа, о прида-ном... и наконец взяла меня за руку, и я очутился перед отцом.

– Жена объявила мне ваше желание, – сказал он, – я не прочь.

Призвали Елену, спросили ее согласия.

– От вашей воли завишу я, – отвечала она, и отец и мать благословили нас.

В восторге собственном мне казалось, что все разделя-ло мои чувства. Задумчивость Елены приняла в глазах моих другой смысл: это томность любви, которая так при-стала ко всякой женщине; это нетерпеливость сердца на-сладиться скорее счастием, – думал я и во все непродол-жительное время приготовлений к свадьбе был в каком-то припадке безумия, от которого опомнился тогда уже, когда мысль – "она твоя!" пробудила меня от очарования.

Что ж она не радуется? Что ж она так холодна? Что ж она не сожмет меня в своих объятиях и уста ее непо-движны? Неужели от болезни иссяк в ней весь огонь люб-ви? Что ж она не отвечает на ласки ласками?

Я стал мужем Елены, но с первых минут сбывчивости желаний она заразила меня своею грустью, задумчивостью и молчаливостью, только не холодностью – нет, я не мог быть холоден к ней! Как птицелов, я расставлял силки, чтобы изловить нежное чувство ее ко мне, но оно в ней, ка-жется, и не водилось никогда, как райская птица на се-вере.

Медленно проходили дни. О Мемноне я не имел ника-ких известий. В одно и то же время ни дружбы, ни люб-ви – тяжко!

Через год счастие порадовало меня рождением прекрас-ного младенца, совершенно похожего на мать свою. Как будто заменяя чувства ее, он мне улыбался, и мне каза-лось, что улыбается мне сама Елена.

Я почти не отходил от него, когда он спал; садился близ колыбели и ожидал его пробуждения.

Однажды я упомянул о Мемноне при няне, которую наняли мы для ребенка.

– Позвольте узнать, – спросила она, – не про Мемнона ли Васильевича вы изволите говорить?

– Ты его знаешь?

– Вряд ли у кого еще есть такое имя, – сказала она, – потому-то я и узнала его.

В самом деле, отец Мемнона выбирал всегда странные, малоупотребительные имена для детей своих: сестра Мем-нона называлась Фомаидой.

– Но где ж ты знала Мемнона? – спросил я.

– Он бывал в нашем доме, – отвечала няня. – Ах! су-дарь, если бы порадовали меня, – продолжала она, вздох-нув, – не изволите ли вы знать что-нибудь про Веру Ива-новну?

– Про Веру Ивановну? – повторил я.

– Как бы хотелось проведать мне про этого ангела! Достиг ли-то Мемнон Васильевич до своего желания?

– Но кто такая Вера Ивановна?

– Она, сударь, – отвечала няня, смутясь, – она благо-родная, воспитанница барыни... Барыня взяла ее к себе на воспитание из своей дальней деревни, что купил Мем-нон Васильевич...

– Он купил деревню?

– Село Шарково, – продолжала няня. – Барыня дума-ла, что он

155

женится на барышне, а он полюбил Верочку. Барыня прогневалась да и послала ее в деревню, а Мемнон Васильевич узнал, что она приписана к селу Шаркову, и купил село... Да от барыни не утаилось – она и отошли голубушку дочку свою в соседский монастырь, на руки к знакомой игуменье, чтобы хоть постричь ее, да не выда-вать Мемнону Васильевичу.

– Дочь свою? – спросил я с удивлением.

– Виновата: Веру Ивановну, сударь, не дочку, ей-Бо-гу, не дочку! – почти вскрикнула, спохватись, няня.

Рассказ няни пояснил мне недобрые слухи про Мемно-на. Я не заботился о подробностях, в которых должно было что-нибудь скрываться; мне нужно было знать только, где он. Расспросив, в какой губернии и в каком уезде село Шарково, я немедленно пустился в дорогу.

VIII

На пятый день я подъезжал уже по проселку, извиваю-щемуся между волнами золотых колосьев барского поля, к селению, которое тянулось в одну линию под грустным еловым лесом. То было Шарково. Проехав ряд курных изб и деревянную церковь, я увидел помещичий дряхлый дом с полуразрушенною оградою; двор зарос густою травою, как заповедный луг; повсюду запустение.

"Куда я приехал? Может ли быть, чтобы здесь жил Мемнон?" – думал я, приказывая остановиться подле во-рот. Кого спросить? Тут, кажется, ни души нет. В стороне, подле дома, где висела на перекладине деревянная сторо-жевая доска, пошевелилась человеческая фигура: это был седой старик, с клюкою в руках.

Соскочив с брички, я подошел к нему.

– Кто здесь помещик?

– Помещик? – отвечал он, сняв шапку и почесывая голову...

– Не Мемнон ли Васильевич Пальмирский?

– Так, так... боярин.

– Дома он?

– А может, и дома. Спрошу у его милости дворецкого.

Я взбежал на крыльцо; навстречу мне вышел слуга.

Я узнал в нем слугу Мемнона. Он так обрадовался мне, что начал целовать мои руки.

– Где барин?

– В монастыре, сударь.

– Как в монастыре?

– Они изволят каждый день ходить к обедне в сосед-ний монастырь.

– Мемнон, Мемнон! – вскричал я. – Что ж вы тут де-лаете?

– Бог знает что. Вот уж с полгода приехали и живем, как изволите видеть...

Вслушиваясь в слова старого Никона, я проходил меж-ду тем по комнатам, в которых воздух был заражен гни-лостью; на стенах обои покрыты были пылью и паутиною. Кое-где стояли дряхлые столики и стулья, на которых из-под оборванной кожи торчала клочьями конская шерсть. Стекла в окнах от времени потускнели, сделались радуж-ного цвета. В одной из угловых комнат стояло старое кана-пе, на котором раскинута была бурка и в головах лежала кожаная подушка; у стен пустые шкапы с отбитыми двер-цами...

– Боже мой! неужели здесь живет Мемнон?

– Как видите, сударь, – отвечал Никон со слезами на глазах и стал рассказывать мне про барина своего.

Такой богомольный стал, что и Бог ведает, – гово-рил он, – посадит меня подле кровати, да и велит читать, а сам лежит, как мертвый. А как прослышит колокол в монастыре, вскочит и идет... станет на паперти, да и мо-лится. Вот уж полгода ведем такую жизнь... Хоть бы вы уговорили его...

– Скоро он будет?

– Теперь скоро.

Я бросился на канапе, закрыл лицо руками и не мог слушать ропота старика на своего барина. Судьба Мемнона приводила меня в содрогание.

– Дай мне чаю, Никон, – вскричал я, чтобы удалить его от себя.

– Чаю? – отвечал он, горько улыбнувшись. – Да мы, сударь, позабыли, как и пьют-то его!

Я взглянул на Никона и не знал, что говорить.

– Разве молочка прикажете... Барин ничего не изволят кушать, кроме хлеба да воды.

Никон вышел, а я, как полоумный, вскочил с места и заходил по комнате – думал о Мемноне, о себе, думал о прошедшем, сравнивал надежды юности с наступившею действительностью, как роскошный цвет с плодом, поби-тым судьбой, – искал, не осталось ли чего-нибудь для бу-дущности, – и не находил.

– Барин идет! – вскричал вдруг прибежавший Никон. Я бросился навстречу и почти без слов упал в объятия бледного, со впалыми глазами человека, в длинном черном сертуке.

– Ну, счастлив ли ты? – спросил он меня. Безгласно смотрел я на Мемнона и снова обнимал его; слезы катились из глаз моих градом.

– Елена твоя, – продолжал он, – кому же ей принад-лежать, кроме тебя, которого она любит? Я это видел. Отец прочил ее за серба Вранковича, но я откровенно сказал Вранковичу, что она не может быть его женою, потому что любит другого. Добрый серб отказался от прав на руку Елены, не имея прав на сердце.

– Вранковича, Вранковича? – повторял я совершенно безотчетно, и мне казались слова Мемнона насмешкою – я смотрел на него безумным взором.

– Обними же меня еще, – повторил он. – Я рад, что ты обязан мне чем-нибудь... Ты счастлив, и для меня до-вольно...

– О, спасибо, спасибо, друг! – вскричал я, сжимая его в судорожных своих объятиях.

– И я счастлив, – продолжал Мемнон, – хоть, может быть, не всякий поймет счастье мое... Пойдем, я тебе расскажу.

Молча проходил я с Мемноном по пустым комнатам до его спальни.

– Ты счастлив? – сказал я, без всякого внимания са-дясь подле него на канапе. В то время в мыслях моих были Елена, серб и сам я... три существа, погибших для счастья.

– Если бы ты видел, – вскричал Мемнон, всплеснув руками, – если бы ты видел ее! Я не в состоянии описать тебе красоты, которая выше человеческого понятия!.. Я мо-гу только назвать ее по имени... ее зовут Верой!.. Я мог бы тебе показать ее, да это было бы соблазном чувств; я и сам не смею на нее смотреть... Довольно появления, присутст-вия ее, чтобы испытать всю полноту блаженства, какое только возможно на земле... Не спрашивай меня, кто она!.. К чему этот вопрос? Ты видишь: я здесь не в кругу людей, которым нужно имя, звание, значение в свете для тех, кого они хотят удостоить своей любовью или дружбою... Это не какая-нибудь светская красавица, которая никуда не год-на без своего богатства, пышных украшений, без выучен-ных приличий и приемов, без своих титулов и золота... Нет! она не героиня романа, которую, не чувствуя любви, можно уверять в любви; с которой одно наслаждепие – объятия; которую можно осыпать нечистыми поцелуями и потом возненавидеть... Нет! она недоступное существо для всего, что пахнет землею!.. О, добра ближняя, искрен-няя моя! Вся добра, и порока нет в ней!.. Голубица моя в покрове каменне!..

Я слушал Мемнона и невольно забыл собственную судь-бу; он пробудил во мне сострадание.

– Друг мой, – продолжал он, – ты знаешь сладость любви, тебе понятны все наслаждения взаимности; но ты обладаешь чувствами той, которую любишь; ты властелин ее с той минуты, как она твоя; ты все для нее, у тебя нет счастливого соперника...

– Счастливого соперника! О, не говори, Мемнон, обо мне, говори о себе!.. Ты несчастлив!..

– Я несчастлив? Кто тебе сказал? – возразил он с удивлением. – Нет! счастья моего не нарушат люди всеми своими ухищрениями и соблазном... Знаешь ли ты... если бы она посвятила мне милльонную долю святого чувства, которое питает к Нему, как бы я был блажен! От утра до вечера и от вечера до утра я все бы молился; ни одного мгновения не помрачил бы ни задумчивостью, ни печаль-ным вздохом... Но это слишком... Глупо добиваться слова "люблю", когда чувство говорит яснее взорами!.. Нет! прочь сомнения!.. Я видел – для чего ж взор поверять слу-хом?.. Да, мой друг, я видел, я чувствовал, что я...

Мемнон бросился ко мне на шею и почти шепотом про-изнес: "Я любим!.."

– Да, слушай: она прошла мимо меня, взглянула на меня, приложила руку к сердцу и подняла взор к небу... Довольно ли этого? а? скажи мне, друг мой... Что ж ты молчишь?.. Поделись со мною счастьем: во мне избыток его... Обойми меня!

Глаза Мемнона сияли радостью, крупные слезы высту-пили на них; я сжал его в объятиях, и мы оба зарыдали. То был дележ земного счастья – счастия земного!

– Ты понимаешь меня, – продолжал Мемнон, – потому что ты любишь и любим!

Что было мне отвечать на его слова? Они сдавили мне сердце, и казалось, что вместо слез текла кровь из глаз моих... Я не мог и не хотел упрекать Мемнона за судьбу свою, не мог и смотреть на него, не в состоянии был выно-сить его взоров. "Безумен он, – думал я, – смеется он сам над своей судьбой или верх несчастия так же сладостен для человека, как верх счастия?"

– Неужели ты останешься здесь навсегда? – спросил я его.

– Куда ж мне ехать? Бежать от счастия? – отвечал он, смотря на меня с удивлением.

– У тебя есть родные, ты еще молод; ты обязан жить не для одного только себя, но и для других, принести ка-кую-нибудь пользу людям...

– Я думал об этом, друг мой! – отвечал он. – У меня есть имение; я отдам все родным и бедным, мне ничего не нужно здесь...

Напрасно уговаривал я его возвратиться в свет, хотя слова мои и противоречили чувствам: я сам готов был бе-жать отовсюду, где живет мнимое земное счастие, отовсю-ду, где говорят о любви и надеждах, отовсюду, где люди могли бы спросить меня с участием: отчего ты мрачен? что тебе изменило на земле? Но я сравнил судьбу свою с судьбою Мемнона. Он имел право жаловаться на людей, а я на кого должен был роптать? Мне ни дружба, ни любовь не изменяли... Я все получил, чего желал... все, кро-ме сердца Елены!.. Оно не было в распоряжении людском... Елена ли виновата?.. О, обманутый самим собой, я погу-бил ее благо вместе с человеком, от которого оно зависело... Слова Вранковича: "над сердцем две воли – своя да Божья" – звучали над ухом, и серб, добрый серб, как вко-панный, стоял передо мною с стаканом в руках, повторяя: "Пий руйно вино, за здравье моей сестрицы! Была у меня сестра, да не стало!.."

– Ты счастлив! – повторял мне Мемнон. – Я рад, что ты обязан счастьем моей дружбе!

– Что это значит, Мемнон? – спросил я, когда ему по-дали вместо обеда хлеба и воды.

– Это моя обыкновенная пища, – отвечал он. – Я не чувствую потребности в другой, а потому и не употребляю.

– Не убийство ли это плоти?

– Нет! я отказываюсь только от наслаждений, которые она мне предлагает взамен духовных. Что мне в тучности и красоте ее, если я должен отдать все мои чувства и же-лания в рабство ее прихотям?.. Она, как хитрая жена, овла-дев волею своего мужа, расточит все богатство его с своими любимцами, лишит доброго имени, сведет с ума и погубит себя и мужа.

— Слаб тот муж, который из боязни, чтобы жена не овладела им, держит ее взаперти, на хлебе и на воде! – ска-зал я. – Мне кажется, согласия и взаимного довольствия должно добиваться в таком союзе.

— Друг мой, друг! – сказал Мемнон. – Она и он могут жить согласно, счастливо, роскошно, наслаждаться взаим-но без греха, но... если он ослеплен и не видит уже ничего пред собою, не заставит ли любовь к нему и ее отказаться от всего?

— Бедный! не ты ослеплен, а она! – хотел я сказать, но в отдалении послышался звон колокола.

— К вечерне! – сказал Мемнон, вскочив с места, и, за-бывая о моем присутствии, он торопливо пошел.

— В монастырь, сударь, пошел! – сказал Никон, взды-хая.

Любопытство заставило меня идти вслед за Мемноном.

Монастырь был не далее версты от дома, в вершине ле-систой лощины.

Я видел, как смиренно вошел Мемнон в церковь и стал у стенки. Сотворив несколько земных поклонов, не поднимая глаз, он поклонился на все стороны, хотя в храме поч-ти никого еще не было. Монашенки пели на крылосах, и ряд их стоял у стены, против алтаря. Я замечал, куда об-ратит Мемнон взоры своя, но он был полон молитвы. Взо-ры его были поникнуты с какою-то боязнью взглянуть на все его окружающее.

Перед окончанием вечерни раздался колокольчик; сквозь толпы богомольцев-поселян прошли две монашенки, одна с кружкою, другая с серебряным блюдом.

Я смотрел, когда они приблизились к Мемнону, и, мо-жет быть, только я видел, как одна из них, поклонившись ему, приложила руку к груди и подняла взор к небу.

Надобно было видеть и ее и Мемнона, протянувшего ру-ку к блюду, чтобы положить серебряную монету.

Она была полна красоты печальной. То был лик благо-честия и смирения. Я смотрел на Мемнона, на нее, думал о судьбе еще трех существ и молился, не чувствуя, что слезы падали из глаз моих. Не в силах был я переносить долго положение Мемнона; на четвертый день я простился с ним.

— Торопись, – сказал он, – тебя ожидают объятия любви.

Я поехал. Слова Мемнона: "тебя ожидают объятия любви" – создавали в мыслях моих волшебные обители блаженства, посреди благоухающих рощей, на островах, обмываемых живыми струями серебряных вод. Чья-то жизнь посреди сих очарований полна была неги и взаим-ности. Вся природа, казалось, слушала, что шепчут друг другу два счастливых существа; поцелуй раздавался посре-ди благоговейного затишья, говора струй, шелеста листьев, песней птиц... Ах, Елена, Елена! все мои воздушные замки рушились... заглохла природа вокруг мрачных развалин... а эти развалины были мои надежды! Давно ли создавал я все это великолепие в мыслях

160

своих? Если бы хоть память погибла о том, что тут было, если бы и она обросла плю-щом! Тут на коре пихты вырезано мое и ее имя вместе – они разрастаются нераздельно... На это имеет право толь-ко взаимность – срезать их!

Домой еду я – тороплюсь к жене... Как страшно это имя, когда нет при том мысли: "Она ждет меня! Сердце ее болит в разлуке со мною!"

IX

Вот открылась Москва в отдалении. Страшно было мне на нее смотреть!

Вот направо и налево шум – нет ни к чему внимания ни в душе, ни в чувствах!

Вот дом мой – толпа людей выбежала навстречу, про-вожает меня – нет ни к кому внимания ни в душе, ни в чувствах!

Я вбежал в свою комнату, сбросил с себя дорожное платье, сел, задумался; голова припала на руку...

– Что с тобою, мой друг? – раздалось подле меня.

То был тихий голос Елены; она припала ко мне на пле-чо и повторила вопрос свой.

– Здравствуй, Елена! – сказал я, боясь взглянуть на нее и не смея обнять ее.

Попечительно ухаживала Елена за мной. Она думала, что я болен, что меня разбила дорога.

"Как милы, радушны ее попечения! – думал я. – Если бы к участию жены придать участие любви! О, счастие мое было бы неземное! Но она не виновата: не меня изби-рала она для своего счастия!.. И она – страдалец на земле!"

Задумчив, молчалив стал я, не смел ласкать Елены, не смел называть ее своею – и моя ли она была? Имя му-жа не дает права на чувства, и я не дерзал им пользовать-ся, не вынуждал не принадлежащего мне.

Мое обхождение невольно было почтительно с нею; я даже избегал быть вместе с Еленой.

Однажды случайно я вошел в ее комнату; она торопли-во отерла слезы.

"Она плачет по нем! – подумал я. – Как свежо всегда воспоминание несчастной любви!"

Не желая нарушить ее горя... о! я испытал, как сладки минуты слез!., я хотел выйти.

– Друг мой, – сказала она, – сядь подле меня. Трепет пробежал по мне от слов, произнесенных с такой нежностью, какой никогда я не слыхивал.

Повинуясь Елене, я сел подле нее. Она взяла меня за руку.

– Ты совсем переменился с тех пор, как был у брата, – сказала она, приклоняясь к моему плечу.

– Нисколько, – отвечал я, не зная, что отвечать, – Нет! ты переменился, ты переменился ко мне... Ты меня не любишь! – продолжала она тихим голосом, смотря мне в глаза взорами, на которых навертывались слезы.

Какой страшный вопрос для того, кто любит! Я не знал, что говорить мне. Как было решиться сказать, что я знаю ее тайну? К чему ж ей любовь моя, если она любит друго-го? Неужели это притворство?

Я хотел скрыть от Елены и свое смущение, и ее собст-венную тайну.

Она снова взглянула на меня и, вскочив с места, при-несла младенца – моего сына.

– За что ты так равнодушен к его матери? – произнесла она сквозь слезы.

Я схватил младенца и заплакал.

Елена побледнела, затряслась, припала на диван, за-крыла лицо платком и – ни слова! Она поняла все.

– Елена! – вскричал я, взяв ее за руку.

– Я ни в чем не виновата перед тобою, – произнесла она наконец.

– Елена, – повторил я, – мы оба не виноваты! Судьба соединила нас... Если бы я знал... что сердце твое не сво-бодно...

– Постой, не говори, – сказала она, схватив меня за руку. – Дай мне прийти в себя... я тебе все скажу... я вино-вата пред тобою... я скрывала...

Слова ее прервались. Я молчал, хотел встать, чтобы сделать несколько шагов по комнате, не зная, чем утишить волнение крови. Елена удержала меня.

– Не оставляй меня... выслушай признание, – сказала она. – Я вижу – ты знаешь, что я любила... Отец мой сам, может быть, внушал в меня любовь к воспитаннику своему; отец мой желал выдать меня за него замуж... Но он сам отказался от меня... Это меня убило сначала. Долго не могла я изгнать из себя привязанности, но, уже замужем за тобою, я опомнилась; любовь твоя ко мне изгнала даже воспоминание... Я хотела сказать тебе, оправдать себя за равнодушие, с которым принимала твои ласки, но я боялась, медлила – и это обратилось в новую задумчивость во мне, и ты сам стал ко мне равнодушнее. Я плакала втайне, любила тебя и не смела показать того – о, я тебя любила!.. Неопытное мое сердце могло только безумно грустить по человеке, который сам забыл меня, но, согласись же, могла ли остаться во мне хоть искра любви к тому, кто из-менил?

– Елена, Елена! а если он не изменил тебе? Если его обманули?

Елена остановила на мне взор свой с недоумением, и я стал рассказывать ей поступок Мемнона и встречу мою с Вранковичем.

Когда я повторял собственные слова Вранковича: "Пий руйно вино за здравье моей сестрицы Лильяны! Бы-ла у меня сестра, да не стало!" – "Так называл меня Ра-дой", – сказала Елена, припадая головою на грудь мою.

Когда я сказал: "не насиловать сердца; над сердцем две воли – своя да Божья", я чувствовал пылающее дыхание Елены и видел на глазах ее крупные слезы.

– Ты жалеешь Радоя? – спросила она меня, когда я кончил рассказ.

– О, я жалею его, я люблю его! – отвечал я. – Я был бы счастливее... но я не виноват... Судьба лишила нас всех троих счастья!..

– О, нет, друг мой! то воля провидения: оно премуд-ро, – сказала Елена голосом ангела-утешителя. – Мы должны его благодарить; по воле его я твоя, и все во мне твое. Не сам ли Радой сказал, что над сердцем две воли: своя да Божья? Бог заботится о нашем счастии, и мы долж-ны любить то, что он нам дает. Мое счастие все в тебе было предназначено. Почему знать, может быть, и Радой гораз-до счастливее будет с другою? Он не поверил бы так легко словам Мемнона...

– Елена! это доказывает только его доверчивость к лю-дям: мог ли он думать, что брат твой скажет ему неправ-ду?.. Мемнон так ужасно обманулся сам!.. Он думал толь-ко о моем счастии... о счастии друга.

– Нет, нет! Радой приехал бы сам!.. Но... все равно: я отказалась даже от воспоминаний об нем с минуты полу-чения его письма... А потом я стала любить, сперва свой долг, а наконец... тебя только люблю!

Елена держала мою руку и смотрела в глаза мне, как будто ожидая приговора ее сердцу.

Я сжал ее в объятиях, и никогда столько счастия не ожидал я от своей будущности! Радой был общим, неви-димым нашим другом. Мы часто говорили об нем, почти каждый день спрашивали друг друга: "Где-то теперь доб-рый наш Радой? как-то он поживает?" Я писал к Мемнону, уговаривал его приехать к нам хоть на несколько дней; он не отвечал... Судьба его мучит меня, но есть ли средства изменить ее?"

***

Здесь кончилась рукопись. Но вот какие странные об-стоятельства: перечитывая ее, уже переписанную для из-дания в свет, я точно так же, как в первый раз в Варне, задумался: "Журнал она чьей-нибудь жизни или просто журнальная повесть, во всем смысле этого слова?.. Вранкович... Кто ж этот Радой Вранкович, который один только так жив в повести, что хочется на него хоть взглянуть? Вранкович!.. Странно! фамилия как будто знакомая... Нет! – то Бранкович... Но какое-то сходство... в темной па-мяти". Послушайте...

Я стоял в то время на левом берегу реки Прута, против Скулянского карантина, когда на молдавском берегу происходила картина ужасная. Вся равнина была покрыта бегущим из Молдавии народом от войск турецких, которые преследовали последний отряд разбитой этерии Ипсиланти. Вся эта толпа – в колясках, в каруцах,

163

верхом, пешком с страхом, говором и шумом теснилась к переправе на на-шу сторону. Пыль стояла тучей по дорого из Ясс.

Вдали за горой раздавались выстрелы... все ближе и ближе... Вдруг на высотах взвился как будто столб вихря, разостлался по скату и пошел быстро к переправе... Это бежали несколько сот этеристов, преследуемых турками и выстрелами. В несколько мгновений вся эта свалка сбли-зилась с толпами народа, занимавшего все пространство против переправы и хлынувшего от ужаса на паром и в во-ду. Преследуемые, этеристы бросились вправо, в кут реки, и здесь еще думали обороняться и удержать напор турков единственною пушкою, заряжаемою остатками гвоздей. Но турки выставили против них несколько орудий, и дело бы-ло решено: все бросилось в воду и спасалось от преследо-вания под кров нашего берега, уставленного войсками и орудиями. Турецкие пули метко подстреливали плыву-щих; по реке заструилась кровь и поплыли трупы убитых и утопших к морю. В то время обратил я особенное вни-мание на одного этериста, который стоял на коленях и не переставал стрелять по туркам, прикладывая ружье на ле-жащий перед ним камень, как на бруствер. Он один был за-щитою переправы товарищей своих, но, верно, заряды его истощились все; он встал на ноги, ударил ружье о камень и бросился в воду – поплыл. "Ай, Боже, Боже!" – раздал-ся на реке, вправо от переправы, звонкий голос; то была девушка, которая уже утопала и молила о помощи... Этерист, казалось, услышал этот голос издали и поплыл вниз по реке под пулями турецкими, выхватил девушку из во-ды, вынес на берег, положил на землю и упал подле нее, весь в крови. Увлеченный чувством, я бросился к ним, но вспомнил, что нас разделяет карантинная цепь. Но я ви-дел лицо девушки. По красоте своей, по черным глазам, над которыми срослись густые брови, и по большим ресни-цам, как будто отражавшим блеск взоров лучами, и по одежде я думал, что она молдаванка. Длинные локоны ее смокли от воды и разостлались по пунцовой бархатной, шитой золотыми снурками кацавейке; на ней было белое платье, и стан перетянут кожаным поясом с большою че-каненною пряжкою. Она стояла на коленях перед своим спасителем и перевязывала ему плечо. Я не насмотрелся бы на нее, если б не обязанности службы. Чрез несколько дней я приехал снова в Скуляны. Противный берег был уже пуст, но зато берег с нашей стороны, подле карантина, был занят биваком бежавших из Молдавии; они были окру-жены цепью солдат и выдерживали карантинный термин. В раскиданных толпах по лугу с трудом нашел я то, чего искали глаза мои. Под навесом наброшенного плаща, на воткнутых в землю жердях, она сидела на ковре подле этериста, который лежал, приклонив голову на ее колени. Мне хотелось с ней говорить, но каким образом? Как подо-звать ее к цепи?

К счастию, мне пришла мысль, что, может быть, она подойдет покупать провизию к маркитанту карантинному. Терпеливо прогуливался я в ожидании по берегу, не спу-ская с нее глаз. Перед вечером ожидание мое сбылось. Она подошла к намету маркитанта и спросила по-молдаван-ски кочковалу[79], хлеба и яблоков, опустив галбин[80] в чашку с уксусом.

– Фата формоза[81], – сказал я ей, – скажи мне, как те-бя зовут.

– Мирослава, – отвечала она.

– Неужели это молдаванское имя?

– Я не молдаванка, я сербка.

– Где ж твои родители?

– Отец служил при князе Суццо... Агой – его убили турки...

– С кем же ты здесь?

– С родичем сербом Бранковичем.

– Это, верно, тот этерист, который спас тебя, когда ты утопала во время переправы? Я был свидетелем его добро-го поступка. Он ранен?

– Он ранен, – повторила Мирослава.

– Ты любишь его?

– Кого ж мне любить, кроме его? Сам Бог послал мне его вместо отца и матери.

Мирослава удалилась, а я долго еще стоял и думал: "Счастлив тот, кому Бог пошлет тебя – перевязать рану сердца", – прибавил бы я теперь, если б был уверен, что спаситель Мирославы некогда любил Елену.

С тех пор я не видал уже Мирославы, но теперь, по прошествии восемнадцати лет, читая рукопись, припомнил я все обстоятельство и почти убежден, что этерист, кото-рого я видел, есть именно Вранкович, тем более что, сколь-ко мне помнится, он также был в черной венгерке и в чер-ной скуфье, обшитой серебряным снурком.

Это один случай, подтверждающий истину повести; а вот и другой, который, как мне кажется, относится до Мемнона. Описываю слово в слово рассказ пожилой нянь-ки, которая уже года с два живет у меня в доме.

Слушая часто, мимоходом, ее болтовню про всех господ, у которых она живала, мне показался язык ее так ориги-нален, что я вздумал написать рассказ ее со всею просто-тою и болтливостью, свойственною такого рода женщинам, у которых в памяти много есть любопытного и годного для повестей и романов.

Вот что она говорила мне.

"– Изволите видеть, – начала она, – доложу вам, что старая моя барыня смолоду, и Бог ведает, как хороша была. На бал ли поедет, в гости ли или дома музыка и танцы – все молодые графы да князья так к ней и ластятся, отбою нет! А матушка ее, Ульяна Петровна, строгий человек бы-ла: прислушивает да присматривает, чтобы какой молодец не наворожил чего на девичье сердце. А уж какие хитрые, способные, и Боже упаси! Один военный, знаете, сидит под-ле Лизаветы Васильевны да что-то и шушукает, а я барышне стакан

[79] сорт сыра (молдав.).
[80] золотую монету.
[81] красавица (молдав.).

воды подношу да и слышу, говорит: "Ах, су-дарыня моя! везде я был, был и в Аглецком краю, да что ж то за край, где нет солнца и вас, Лизавета Васильевна?" Девичья молодость всему верит. Верно, ей по душе было, а я не величка была, да рассудительна. Думаю себе: ви-дишь какой! рассказывал бы эти сказки не белому дню, а темной ночи... В Аглецком краю солнца нет! Да что ж там при свечках, что ли, люди живут?..

А Лизавете Васильевне военный смельчак пришелся по сердцу. Она было вздыхать, да любовник песенки попевать за фортопьянами, а тут и присватайся титулярный асессор Иван Лукич – Ульяна Петровна и рада. "Ну, – говорит, – Лизанька, ты уже в поре невеста, а нам Бог дает и жениха чиновного, человека служебного, и с орденом, и с аттеста-циями".

Ульяна Петровна, знаете, сидит вот так в креслах; Ли-завета Васильевна подле столика за работой, а я стою себе за дверью, вяжу чулок да прислушиваюсь к словам. Вот, не успела еще Ульяна Петровна кончить речи, а Лизавета Васильевна как вспыхнет да в слезы – дурно, дурно!.. Да Ульяна Петровна не больно смотрела на дурноту. "Что это такое, сударыня? – говорит. – Да что это, сударыня, та-кое?" Да как припустит на нее, а та сама не робка: "Не пойду, да и только!" – "Как? из материнского послушания выходить? Не пойдешь? не пойдешь?" – "Не пойду, да не пойду!" – "Вон! В девичью! Платье долой!.." Тут кликну-ла Ульяна Петровна меня... Я так и трясусь, сама не своя от страху. Приказывает мне принести затрапезное платье... Ах ты, Боже великий! ничто не берет!.. Лизавета Васильев-на сбросила с себя шелковое платьице, да и пошла в де-вичью; села в угол и ни слезинки. То-то подумаешь, какая была она добрая, а с той поры что за изверг стала! И Улья-не-то Петровне велика нужда была насиловать душу! Три дни просидела Лизавета Васильевна в девичьей на хлебе да на воде... "Соглашаешься?" – "Нет!" Мы, бывало, тай-ком принесем ей пирожка с кашей – оттолкнет рукой от себя... да и только!

Как прошли три дни, Ульяна Петровна и послала ей платье, да и приказала к себе идти. "Пойдешь замуж?" – "Пойду!" – говорит, да таким голосом сказала, что меня ужас взял. Ну, не будет добра! Так и случилось... То-то: создаст Бог душеньку светлую, ласковую – не налюбуешь-ся на нее; а люди изнасилуют, да и сделают ехидом!

Спросить бы Ивану Лукичу: угодно ли, дескать, суда-рыня, вручить мне вашу руку и сердце? А он такой скром-ной был – ни слова; женился по словам свахи: любит, ба-тюшка, вас, как душу любит; женился – да и покаялся. Меня отдала Ульяна Петровна в приданое. Бывало, Иван Лукич приласкается, скажет: друг мой, Лизинька, а она – как закаленая; он приноровит, а она так и рознит. Да до того дошло, что, бывало, сердце кровью обливается за Ива-на Лукича. Отучила от дому и знакомых, и родных, сбила с толку всю службу; он велит то, а она напротив. Иван Лу-кич слово, а Лизавета Васильевна десять. Он рассердится, а она прикинется в обморок. Забеременела – еще хуже: так и клянет детище в утробе, прости

166

Господи ей греха! Не хочу носить, да и только, – да и пошла колесить по мостовым; потоль на снос, в дальнюю деревню – взяла только меня с собой. И родила девочку, такую хорошенькую, что и Господи! А никто не знал, не ведал, да и принимала-то не бабка, а я. Вот, думаю себе, Бог примирит отца и мать на детище. Не тут-то было: и христианского долгу не ис-полнила, точно... прости Господи!.. Да уж Бог с ней!.. Ве-лела мне завернуть ребеночка да отнести тихомолком к кому-нибудь под окно. Да говорит: смотри, если промолвишься кому, кожу сдеру, со света Божьего сгоню! Ох, не-бесная сила! Во мне все жилочки порвались... что за мать! ах, она изверг!.. Да что ж, наше невольное дело: делай, что приказывают... Вот завернула я голубушку крошечку всю в одеяльцо, положила в кулечек, чтобы не признала двор-ня, да в ночь и отнесла под окно старосты, положила на присьбе, да так и взрыдала! Воротилась домой, а на душе точно камень. А тут пришли филипповки, я и говорю: "Позвольте мне поговеть, сударыня". Позволила. Я на духу и не утерпела: сказала священнику весь грех, да прошу, не погубил бы меня, не рассказывал никому. "Не бойся, не скажу", – говорит – такой добрый отец Иаким! Помоли-лась и за барыню, причастилась, как будто и легче стало. Вот мы сбираемся ехать в Москву, а священник прислал тихонько за мной: побывай, дескать, Ирина Тимофеевна, есть дело. Покуда барыня изволила покушать на дорогу – я к священнику. А он поднес мне бумагу писанную, на-чертил на ней крест, да и говорит: приложи руку. Я так и затряслась. Что ж это, донос, батюшка? Не бойся, это свидетельство о рождении и крещении младенца Веры, цер-ковный документ. Перекрестилась я, да и приложила руку к бумаге... Никак замарала, батюшка? А отец Иаким гово-рит: "Ничего, ничего, ступай с Богом!" Я и пошла. Вот приехали мы с барыней в Москву. Как вошел барин в ком-нату, я и прислушалась у дверей. "Где ж наше дитя, мой друг?" – спросил он не своим, сердечный, голосом. "Умер-ло", – отвечала Лизавета Васильевна, как будто и не ее де-ло. "Ах ты, окаянная!" – подумала я себе. Иван Лукич так, голубчик, и заплакал. Ах, Боже ты мой! сроду не видала мужских слез, привел Бог увидеть горчайшие.

Прошел годок, смотрю, а военный смельчак, что бары-не, как она еще барышней, турусы на колесах рассказы-вал, начал в дом учащать, и завела барыня балы да вечера, да катанья. И повесил Иван Лукич носик, вот, как голубь, ей-Богу! Такой добрый был: не по сердцу, а угождает ба-рыне – не поднимай лишь содома! Ему же хотелось все деток иметь. Ну, и дал Бог детище, еще дочку. Да не пора-довался Иван Лукич: барыня, бывало, и поцеловать не даст ему дитя свое, а сама так и нежит, так и ластит. А ка-кая крикливая уродилась, Бог с ней, вся в мать! Припом-нила я первую дочку: как небо от земли! Что это такое, подумаешь! Кажись, одной утробы дети, а не равна любовь к ним. Крестины, не крестины – обед да бал, и про-звала она вторую дочку свою каким-то не русским име-нем, чорт знает, Розиной! Другой сказал бы барыне, что, дескать, матушка, сударыня, ей-ей, что бы за имя такое бранное: разиня? За что детище свое прежде времени не добром величать? Ведь это, матушка, французы смеются над нами! Да она не такова была: своих речей к ее речам не прикладывай.

Не прошло пяти годочков, Лизавета Васильевна выжи-ла Ивана Лукича совсем из дому. Горемычный уехал в свои поместья, да и поминай как звали. Тут-то пава широ-ко хвост развернула, петухом пошла; в дому содом, да доб-ро бы только от нее, а то и от дочки-то, бывало, места нет. Уж, правду сказать, по зверю шерсть, а по человеку честь – такая разиня, да и красотой-то, Бог весть в кого, неудачная!

Вот однажды поехали мы в село, то самое, где барыня родила первую дочку: приехали да на другой день в цер-ковь. В церкви-то, вижу, барыня посматривает на девочку в беленьком платьице, стоит у самого крылоса, – такая хо-рошенькая! Барыня смотрела, смотрела прямо, да и стала вдруг искоса поглядывать на нее. Как все пошли из церкви, она и призови священника: "Чья, дескать, это девоч-ка?" – "Это, сударыня, – заговорил священник, – сиротка, найденыш, взросла у старосты, да я взял ее на воспитанье – такая добрая, благоразумная, не крестьянская должна быть". Как нахмурится барыня да закусит губы: "Я, – говорит, – возьму ее к себе". Отец Иаким спроста и поверь. "Слава Богу! – думает, – материнское сердце ото-звалось". Как всмотрелась я – вылитый Иван Лукич! Ах! ты, Господи! Как лик Отца небесного на человеке, так лик отца родного на детище! Собрались в Москву, и взяла ба-рыня Верочку с собой – привезла, да в девичью и припи-сала ее в крепостные – ей-Богу! А у меня так сердце и об-лилось кровью! Ну, уж вот наплакалась я вдоволь по си-роточке: как засадит она ее за всякие работы, как начала казнить ее, что час, что день, как заставит прислуживать неключимой Розине Ивановне, а на вечер посадит у себя в ногах, на полу, вязать чулки! Боже ты мой великий, и знаешь все, да молчишь! Да и кому ж промолвить, что это, дескать, барышня, да еще и дочь барская, сестра Ро-зине Ивановне... То-то и горе наше, что есть правда, да под спудом. А Верушка такая угодливая, послушная... Счастье же, что полюбила ее Розина Ивановна; бывало, барышню учат всему мадамы да французские учителя, и Верушка перенимает. Да не надолго были к ней любовь и милость. Как подросла Розина Ивановна, да минуло 15 лет, ан стала ей чужая красота глаза колоть. Однажды, на беду, вздумай она да и наряди Верушку в свое поношенное пла-тье, да еще возьми с собой в Шереметьевскую. Народ-то, знаете ли, начал дивиться: кто-де это такая благородная барышня? Да все и уставь на нее глаза, а Розина Иванов-на и заметь, да так и загорелась с досады. Признательно сказать, и сама я подивилась красоте Верушки, как ее при-нарядили: белая, румяная, как писанная на портрете, стан в рюмочку, волоса – волос к волосу, как шелковые, очи ангельские, и речь-то что за приятная, ласковая! Ей-Богу! ты дивись, а породистая кровь видна, хоть в дерьмо на-ряди. Как приехала барышня домой, да и нажаловалась барыне на Верушку. "Ах! ты мерзкая, – говорит, – ты бояриться? В кухню ее, в прачешную!" Голубушка ты моя! уж какими же и путями спас тебя

Бог от ехидов! Смотрим: приехал знакомиться молодой богатый помещик.

Барышне и приглянулся он, так и увивается около него, и барыне, верно, пришелся по нраву зять. А Захар мне и мигнул: вот, дескать, тот молодой барин, что допра-шивал в церкви про Верушку: кто такая барышня да где живет? А я чуть-чуть не лопнул да говорю: не могу знать.

Я и смекнула делом: голубчик ты мой, думаю, не туда ты силочки ставишь!.. Говорил, говорил он с барышней, да и бряк: "Вы, – говорит, – такие набожные, Розина Иванов-на, я это заметил". – "Да когда же это?" – спросила она его. "Да вот четвертого дня, в Шереметьевской, как вы были с подругой вашей, не имею чести знать ее фамилии..." Как вспыхнет Розина Ивановна, да и говорит: "Не была я ни с какой подругой, со мной была моя девка Верка!" Молодой барин и покрасней – помолчал, помолчал и вон; обещал было обедать приехать, да и не приехал. А бары-ня-то знает, что ластовица[82]. Пришла беда Верушке! Ба-рышня в слезы, что девку ставят ей в подруги, а барыня и начала ее уговаривать: я, дескать, сошлю ее в деревню. Дня через два приходит Артамоновна, рухлядью что тор-гует по домам, да и говорит барыне: а что, сударыня, про-дадите ли свою девушку Верку? Хорошие бы деньги за нее взяли. Верно, поняла барыня, в чем дело. "Нет, – гово-рит, – непродажная". И что ж вы думаете? Взяла да и от-правила Верушку в деревню, да и дала приказ старосте выдать ее замуж за бобыля Сафрона – дурак дурачина, в дворниках у нас был. Я как спознала об этом, так и гря-нулась в слезы: ах! ты моя сирота невольная, беззащитная! Родная мать, изверг, тебя иссушит, как былиночку; добро бы змея злая мачеха! Плачу навзрыд. Проходит с неделю, молодой барин и ног не показывает. А барыня прослыша-ла от своей твари наушницы, что Артамоновна приходила в девичью да все выведывала: куда девалась Верушка? Догадалась, верно, что увезут ее из деревни; послала при-каз священнику отвести Верушку в соседский монастырь да сдать с рук на руки игуменье, да и написала к ней, что-бы приняла ее девку Веру в услуженье и приписала бы ее в белицы, на искус. Уж этому, признаюсь, я и порадова-лась, думаю: Божья невеста! А барышня по молодом бари-не с ума сходит, слегла в постель. Ад настал, исказнила, изморила людей! Бывало, дочка не спит, и никто не смей спать, избави Боже! Да и у самой барыни ни макового зер-на в глазу. Ну, насмотрелась я, как Бог наказывает за грехи слепою любовью! Надо же сказать, что такая любовь хуже ненависти: что дочь ни вздумай, мать душу выло-жит – рабыня детская, да и только!

Прошел месяц. Приехала к барыне знакомая одна, Степанида Прохоровна, да и завела разговор про именья: брат ищет купить получше деревню, не продашь ли, Лизавета Васильевна? Что тебе толку в дальней, а брату степная и нужна, не пожалеет денег; продай да продай село Чуриково, что хочешь возьми. Барыня и польстилась

да еще об-радовалась, что нашла глупых людей, что не торгуяся по-купают. Вот заключила контракт, сдала опись душам – деньги-то, верно, нужны были. Праздник не праздник, платье не платье, на жемчужных нитках хоть повеситься, да, верно, не было счастья: что-то женихи не шли на приманку, да, если правду сказать, и счастье-то на казнь злому человеку!

Вдруг однажды приносит почтальон письмо. Как раз-вернула барыня, так и ахнула! Пишет к ней игуменья, что новый помещик села требует по описи девку Веру. Я себе думаю: Господи! как счастье-то ищет Верушку... А барыня как вспыхнет: "Я ему дам Верку!" – да и написала к игу-менье, чтобы не выдавала ее, а скорее бы постригла да из-бавила от соблазнителя, который хотел ее увезти из дому да обманом, для удовлетворения нечистых замыслов, купил через другие руки село Чуриково... Уж расписала так, как нельзя лучше!.. Я поплакала, поплакала да и думаю себе: ну, будь она Христова невеста!

А в ту же пору за барышню Розину Ивановну присва-тался жених, а я и в ноги барыне: обещала еще матушка ваша пустить меня на волю за верную службу, и вы, суда-рыня, обещали; уже теперь, в добрый час, дайте за вас Бога молить. Да и Розине-то Ивановне в ноги. Вот и дали мне отпускную на волю. Я рада-радехонька: отслужила мо-лебен Иверской божией матери, переехала на кварте́ру да и ноги не кладу в дом Лизаветы Васильевны. Бог с ней! неравно еще проведает, что я сказала на исповеди отцу Иакиму, что Верушка родная ей дочь".

– Послушай, няня, – спросил я по окончании расска-за, – не Мемноном ли Васильевичем зовут молодого бари-на, что полюбил Верочку?

– Уж того не знаю, не припомню, как зовут, из памяти вышло... У нас все звали его: молодой помещик, да моло-дой помещик.

– Не ошибаешься ли ты: не Шарковым ли называют село Чуриково?

– Да, Чуриково же я и говорю.

– Не Шарково ли? Шарково?

– Так, так, Чуриково!

– Глухая! – вскричал я с досадой.

Таким-то образом от одного слова иногда зависит раз-вязка тайны.

Да что ж сделаешь с глупостью, слепотой и глухотой!

Список